ACCESO GRATIS ***a la Lectura en la Nube***

Para visualizar el libro electrónico en la nube de lectura envíe junto a su nombre y apellidos una fotografía del código de barras situado en la contraportada del libro y otra del ticket de compra a la dirección:

ebooktirant@tirant.com

En un máximo de 72 horas laborales le enviaremos el código de acceso con sus instrucciones.

CULTURA JURÍDICA Y BARRERAS EN EL ACCESO A LA JUSTICIA

Procedimiento de selección de originales, ver página web:
www.tirant.net/index.php/editorial/procedimiento-de-seleccion-de-originales

CULTURA JURÍDICA Y BARRERAS EN EL ACCESO A LA JUSTICIA

FRANCISCO JAVIER ANSUÁTEGUI ROIG
MARÍA DEL CARMEN BARRANCO AVILÉS
(EDITORES)

uc3m | Universidad **Carlos III** de Madrid
Instituto de Derechos Humanos
Gregorio Peces-Barba

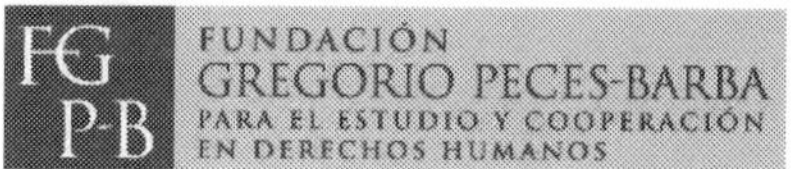

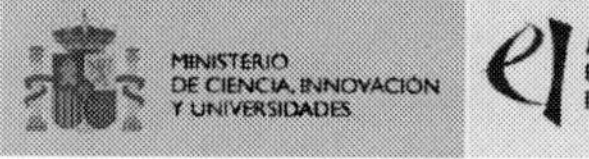

tirant lo blanch
Valencia, 2024

En caso de erratas y actualizaciones, la Editorial Tirant lo Blanch publicará la pertinente corrección en la página web www.tirant.com.

La presente obra ha sido sometida a la revisión de pares ciegos según el protocolo de publicación de la editorial a efectos de ofrecer el rigor y calidad correspondiente tanto en su contenido como en su forma, aplicándose los criterios específicos aprobados por la Comisión Nacional E 016 (BOE num. 286, de 26 de noviembre de 2016).

EDITA: TIRANT LO BLANCH
C/ Artes Gráficas, 14 - 46010 - Valencia
TELFS.: 96/361 00 48 - 50
FAX: 96/369 41 51
Email: tlb@tirant.com
www.tirant.com
Librería virtual: www.tirant.es
Depósito legal: V-3270-2024
ISBN: 978-84-1071-365-9

Si tiene alguna queja o sugerencia, envíenos un mail a: *atencioncliente@tirant.com*. En caso de no ser atendida su sugerencia, por favor, lea en *www.tirant.net/index.php/empresa/politicas-de-empresa* nuestro procedimiento de quejas.

Responsabilidad Social Corporativa: http://www.tirant.net/Docs/RSCTirant.pdf

Índice

Prólogo

FRANCISCO JAVIER ANSUÁTEGUI ROIG
MARÍA DEL CARMEN BARRANCO AVILÉS

Los días 13 y 14 de diciembre de 2023 se desarrolló el seminario *Acceso a la justicia, vulnerabilidad y cultura jurídica* en el marco del proyecto "Acceso a la Justicia y Vulnerabilidad" (PID2019-108918GB-I00), financiado por el Ministerio de Ciencia e Innovación (Agencia Estatal de Investigación). En realidad, el seminario fue concebido como una continuación de la reflexión contenida en el libro ANSUATEGUI ROIG, F. J., BARRANCO AVILES, M. C., (eds.), *Acceso a la justicia y vulnerabilidad,* Dykinson, Madrid, 2023. Si en aquella ocasión se procedió a una reflexión por parte del equipo investigador del proyecto, ahora se pretendía proceder a un análisis por parte de investigadores e investigadoras que no formaban parte de ese equipo. El punto de partida del encuentro fue la idea de que la eficacia de los derechos, y el acceso a la justicia no es una excepción, depende en buena medida del marco cultural en el que las garantías se insertan. En este sentido, a lo largo de su desarrollo se constató que quienes trabajan en el marco del sistema de justicia son parte de la sociedad en la que la cultura dominante genera y refuerza la vulnerabilidad de ciertos grupos y justifica actitudes que terminan convirtiéndose en barreras para las personas de estos mismos grupos.

En la presente publicación, que recoge la reflexión desarrollada por los y las autoras a partir de la discusión en el seminario, se abunda en la idea de que el acceso a la justicia implica acceso efectivo en el sentido de que, por un lado, el sistema debe ser igualmente accesible para todas las personas y, por otro, que debe dar resultados individual y socialmente justos.

Con este presupuesto, resulta palmario que los condicionantes culturales se trasladan sobre la organización de los espacios y los procedimientos, así como sobre las actitudes de los operadores jurídicos condicionando tanto la accesibilidad como los resultados mismos.

El acceso a la justicia constituye la garantía última de que el poder público y los ciudadanos se someten a Derecho. No es posible considerar que los derechos humanos están protegidos si quienes son víctimas de vulneraciones carecen de la posibilidad de reclamar ante las instituciones y, en última instancia, ante un tribunal; sin embargo, el análisis de la realidad de los derechos de las personas en situaciones de vulnerabilidad, muestra cómo en estas circunstancias se producen dificultades para acceder a la justicia que se relacionan con distintas causas. Por un lado, los mismos estereotipos que justifican la desventaja social que acompaña a la vulnerabilidad impiden identificar algunas vulneraciones de derechos de modo que resultan 'normalizadas' o 'naturalizadas' incluso por las propias víctimas; esto ocurre claramente en los casos de discriminación en relación con las personas que forman parte de grupos que ocupan históricamente una posición de desventaja social. Además, en ocasiones los estereotipos se respaldan por ideologías como el sexismo, el racismo, el capacitismo o el edadismo, que los refuerzan y que a menudo son compartidas por los y las profesionales que forman parte de las instituciones encargadas de garantizar el acceso a la justicia. Por otra parte, con frecuencia las instituciones a quienes corresponde garantizar un recurso efectivo en caso de vulneración de derechos están organizadas sin tener en cuenta la diversidad de situaciones en las que se pueden encontrar las personas, de modo que de las mismas condiciones de vulnerabilidad se derivan obstáculos para el acceso a la justica que se traducen en una merma de la eficacia de las garantías previstas.

En la medida en que el reconocimiento del derecho de acceso a la justicia genera "la responsabilidad de los poderes públicos no solo en el diseño de estructuras procesales que faciliten el acceso y el mantenimiento en el proceso, sino también en la remoción de los obstáculos normativos, sociales y económicos que impiden el acceso a la justicia" (Añón), es también responsabilidad de los poderes públicos identificar estos condicionantes y removerlos. Los trabajos que estamos presentando se fijan en aspectos diferentes de este problema relacionados con los obstáculos que surgen del marco cultural desde el que se legitima la vulnerabilidad y realizan propuestas para la transformación de este marco desde un enfoque basado en derechos.

Rafael de Asís, en *Acceso a la justicia, accesibilidad y cultura jurídica*, muestra cómo la accesibilidad universal, que en su sentido débil hace referencia a una obligación de los poderes públicos y de algunos poderes privados, en el contexto de las teorías de los derechos asume un sentido fuerte desde el que se presenta como la condición que "permite el acceso, el uso y la práctica de un derecho". En este sentido fuerte, la accesibilidad pasa a ser parte del contenido esencial de los derechos. En el caso de los derechos que se conceptualizan como 'derechos de acceso', particularmente del derecho de acceso a la justicia, la accesibilidad resulta definitoria del derecho mismo. Además, en determinadas ocasiones la exigencia de accesibilidad aparece enunciada con carácter autónomo como un derecho singular (como el derecho a un intérprete). Por otro lado, junto con esta dimensión que relaciona la accesibilidad con la legitimidad, el autor explora el alcance de la idea de accesibilidad universal con respecto a la eficacia técnica del Derecho; desde este punto de vista, la representa como una condición para la función de control social. En la medida en que precisamente en nuestro marco cultural el Derecho se concibe como un instrumento de control social, la accesibilidad pasa a ser un rasgo definitorio de lo jurídico.

A partir del análisis de las decisiones en relación con la situación de la Cañada Real, María José Añón ejemplifica el modo en el que las barreras culturales afectan a la eficacia de las garantías frente a la vulnerabilidad. En *Vulnerabilidad, proceso y derechos humanos. Análisis de un caso* reivindica la potencialidad del concepto de vulnerabilidad en el Derecho para "patentizar en la esfera jurídica las condiciones materiales del ejercicio de la autonomía y la libertad, contribuir a la búsqueda de nuevas respuestas para abordar la clásica tensión entre la igualdad formal y la igualdad material, e identificar situaciones de desigualdad estructural". Existen distintas dimensiones del caso que interesan a la autora. Por ejemplo, la relacionada con el modo en el que el tribunal rechaza la consideración de tratados internacionales de derechos humanos, del artículo 39.4 de la CE, y de la Ley Orgánica 1/1996, de 15 de enero, de Protección Jurídica del Menor y el Estatuto de Autonomía de Madrid porque o bien tienen carácter programático o bien contienen obligaciones genéricas; en relación con este aspecto, el Tribunal se aleja del marco cultural del constitucionalismo. Asimismo, el Tribunal rechaza la aplicación de la normativa sobre protección personas consumidoras vulnerables aprobada con ocasión de la pandemia y que había sido invocada para justificar una intervención protectora de los derechos de los y las niñas de la Cañada Real porque la parte demandante no acredita su condición de consumidora, dado que no habían conseguido un contrato con la compañía a pesar de solicitar la legalización de su suministro en reiteradas ocasiones. En palabras de María José Añón "cabría concluir que el principal fundamento de la decisión de este proceso remite a la imposibilidad de acreditar la titularidad de un contrato de energía para sustentar el *petitum*, un argumento que debe ponerse en relación con la consideración de las obligaciones de las autoridades y de la empresa Naturgy, aunque esta no estaba personada en el proceso". De este modo, en un ámbito en el que expresamente se han introducido "reformas de orden procesal que sitúan a la persona vulnerable en el centro y que propician que la vulnerabilidad se erija en principio orientador de la creación, interpretación y aplicación de las normas procesales a fin de robustecer los cimientos éticos, la humanización y la dignificación del proceso", como es el Derecho del consumo, estas garantías no se consideran aplicables porque a pesar de que se trate de personas en situación de vulnerabilidad, se atribuyó "mayor peso a la ausencia de un contrato de energía".

Maria Giulia Bernardini, en *La vulnerabilità nel processo. Oltre il paradigma della vittima*, apunta la necesidad de extender el punto de vista de la vulnerabilidad más allá del enfoque de las víctimas al que tiende a verse reducido y, entre otras cuestiones, reivindica su operatividad en relación con las barreras que obstaculizan el acceso a la justicia precisamente cuando está presente (problemas de injusticia epistémica que se manifiestan, por ejemplo, en la falta de credibilidad de las personas que forman parte de grupos en situación de vulnerabilidad o presencia de estereotipos en relación con estas personas).

Desde una perspectiva crítica, Orsetta Giolo señala el riesgo de prestar demasiada atención a la justicia judicial en la reflexión sobre el acceso judicial a la justicia. Efectivamente, en *Accesso alla giustizia e funzioni degli stereotipi nel paradigma neoliberale*, la autora considera problemático considerar que el remedio judicial puede ser una respuesta adecuada en un contexto generalizado de debilitamiento de la tutela de los derechos fundamentales y de incremento de la desigualdad y no discriminación. En este contexto, el trabajo aborda las funciones de los estereotipos a través de tres cuestiones: el papel de los estereotipos en el acceso a la justicia, el surgimiento de nuevos estereotipos y las transformaciones del lenguaje jurídico. Los estereotipos permiten reforzar las jerarquías clásicas de lo humano con lo que, entre otros efectos, desarticulan la igualdad de armas en la medida en que, por ejemplo, afectan a la credibilidad del "sujeto no paradigmático". Es importante, no obstante, prestar atención al hecho de que se trata de una cuestión estructural y no únicamente de prejuicios individuales. En cuanto a los nuevos estereotipos tienen que ver, por ejemplo, con la representación del "sujeto neoliberal" como competitivo y emprendedor y la condena a quienes no encajan en estas características que, señala la autora, son 'los sujetos no paradigmáticos de siempre'. Estos nuevos estereotipos contribuyen a reforzar el procedimiento 'serialización y estandarización' propio del paradigma neoliberal, en el que la 'justicia algorítmica-predictiva' se inserta y que es accesible a todo el mundo. También presta atención la autora al modo en el que los estereotipos en todos los contextos de la decisión jurídica, distorsionan la relación entre lo descriptivo y lo normativo.

En *La pragmática de los estereotipos y el enmascaramiento de la individualidad. Obstáculos para el acceso a la justicia*, Federico Arena se centra en dos aspectos de los estereotipos: los efectos de su uso (que organiza en torno a la idea de la pragmática de los estereotipos) y el enmascaramiento de la individualidad. El autor considera aceptable el uso de estereotipos que tienen un apoyo estadístico, pero incluso en estos casos pueden tener el efecto de dificultar el acceso a la justicia si: a partir del estereotipo se construye una normatividad, si su presencia se debe a una normatividad y si quien los utiliza confunde versimilitud, certeza y verdad. Además, los estereotipos son de difícil revisión y su presencia impiden buscar la información 'de calidad y suficiente' sobre la persona individualmente considerada. Si bien la exigencia de considerar a las personas individuamente no impide que se utilicen generalizaciones siempre que estas no sirvan como soporte para la atribución de una característica relevante.

Fernando Rey Martínez discute la posibilidad de una aplicación neutral del principio de proporcionalidad en su trabajo *Mito y utilidad de la proporcionalidad.* A través del análisis de tres casos (la Sentencia del Tribunal Supremo Federal de Estados Unidos de 29 de junio de 2023 sobre políticas universitarias de admisión conscientes de la raza y las dos Sentencias del Tribunal Constitucional español sobre la validez de la Ley orgánica de regulación de la eutanasia) y la predicción de la argumentación del Tribunal Constitucional en relación con la Ley de Amnistía, trata de mostrar que el principio de proporcionalidad tal y como es utilizado en la práctica constitucional española tiene el efecto de generar un clima de respetabilidad intelectual, de racionalidad, y también de objetividad y de neutralidad en relación con decisiones que presentan problemas de parcialidad y unilateralidad. De modo que, con el recurso a la idea de proporcionalidad se estaría enmascarando la presencia de la ideología y la voluntad en la decisión judicial.

Maria Caterina la Barbera, en *Vulnerabilità, genere e intersezionalità: dalle teorie femministe alla prassi giudiziaria*, entiende que una de las virtualidades del recurso al concepto de vulnerabilidad por parte de los tribunales es que permite su consideración de la dimensión material y transformadora de la igualdad. Sin embargo, también le preocupa que detrás del éxito de la categoría en los últimos tiempos pueda encontrarse su falta de precisión que, señala, entraña el riesgo de un uso ambiguo conducente a decisiones contradictorias y a efectos perversos indeseados. Así, atribuye al concepto de vulnerabilidad en relación con el género tres dimensiones -una dimensión colectiva, una dimensión estructural y una dimensión interseccional- y analiza el modo en el que estas dimensiones aparecen en las decisiones de la Corte Interamericana de Derechos Humanos sobre Campo Algodonero (2009) y Gonzáles Lluy (2015). El objetivo del trabajo es contribuir a depurar la categoría para fortalecer sus potencialidades y evitar el riesgo de que reproduzca unos efectos que a través de una dinámica de estigmatización signifiquen un aumento de una vulnerabilidad que en realidad se pretendía reducir.

En el capítulo *Il paradigma della vulnerabilità e la giurisdizione,* Baldassare Pastore establece una relación entre acceso a la justicia y Estado de Derecho en su dimensión sustancial y, desde este punto de vista, atribuye al concepto de vulnerabilidad la virtualidad de llamar la atención sobre situaciones en las que la dignidad puede estar comprometida y, por tanto, es posible justificar la articulación de los derechos. De modo que la misma idea de vulnerabilidad desarrolla una importante función en la determinación de un umbral mínimo que, de ser traspasado, nos sitúa ante una insoportable violación de la dignidad.

Juan Manuel Fernández, en *El acceso a la Justicia de las personas en condición de vulnerabilidad. Una mirada desde la Discapacidad* parte de la identificación de las exigencias del derecho de acceso a los tribunales que debe estar libre de trabas y debe conducir a una tutela efectiva, es decir, con todas las garantías. Entre estas garantías incluye el autor los ajustes de procedimiento que pueden hacer referencia al plano físico, comunicacional y procesal y cuya adecuada implementación depende de que los operadores jurídicos integren la concepción de la tutela judicial efectiva alejada de requisitos meramente formalistas que plantea el trabajo.

Acceso a la justicia, accesibilidad y cultura jurídica

RAFAEL DE ASÍS ROIG
Universidad Carlos III de Madrid

En estas breves reflexiones, voy a conectar el acceso a la justicia con la accesibilidad y con los rasgos que identifican nuestra manera de ver el Derecho. La primera de las relaciones nos lleva al significado más clásico del acceso a la justicia; la segunda, permite entenderlo como una dimensión propia de nuestra cultura jurídica.

1.- ACCESO A LA JUSTICIA Y ACCESIBILIDAD: CULTURA DE DERECHOS

En otros trabajos he subrayado cómo, la exigencia de accesibilidad, no suele ser abordada expresamente desde el discurso de los derechos. Y ello a pesar de su relación con conceptos tan esenciales para el concepto, fundamento e historia de los derechos como puede ser el de barrera o el de discriminación.

Tradicionalmente se utiliza un sentido de accesibilidad que en otros lugares he denominado como débil y que sitúa a esta exigencia en un campo alejado de los derechos.

Sin embargo, es posible referirse a otro sentido de accesibilidad, su sentido fuerte o integral, que sí que sitúa a esta exigencia en el campo de los derechos, y que de alguna manera surge desde la relación que posee no solo con derechos como la vida independiente, la participación o la no discriminación (expresamente mencionados cuando el art. 9 de la Convención sobre los derechos de las personas con discapacidad se refiere a la accesibilidad), sino con otros derechos como el acceso a la información, la movilidad personal, la educación, la salud, el empleo, la protección social, la participación política, la participación en el ocio, la cultura y el deporte y, en lo que aquí interesa, la justicia[1].

La incorporación de la accesibilidad universal al discurso de los derechos permite pasar de su consideración como principio o como obligación de los poderes públicos y de algunos privados, a su consideración como auténtico derecho o como parte del contenido esencial de los derechos[2].

En efecto, el sentido débil de accesibilidad, conduce a una construcción de la accesibilidad como obligación de los poderes públicos y de aquellos otros que prestan servicios o que producen bienes en el ámbito público. Una obligación cuyo incumplimiento se dirime en el ámbito administrativo. Sin embargo, la consideración de la accesibilidad como derecho, supera esa construcción y permite su garantía por otras vías.

Así, como derecho singular, la accesibilidad es un derecho, de carácter prestacional, al acceso a bienes, productos, entornos y servicios. Se trata de un derecho conectado con los derechos de los consumidores y usuarios, que adquiere unas dimensiones propias cuando se desenvuelve en el ámbito de las personas con discapacidad al poder ser estas consideradas como personas consumidoras vulnerables.

---

1 Vid. recientemente R. DE ASIS, "The Right to Universal Accessibility", en *The Age of Human Rights Journal, 21*, 2023, pp. 1 y ss.

2 F. BARIFFI, A.L. AIELLO, I. CAMPOY, R. DE ASIS y A. PALACIOS, *Sobre la accesibilidad universal en el* Derecho, Dykinson. Madrid 2007.

Pero este sentido fuerte de la accesibilidad posibilita considerarla como parte del contenido esencial de los derechos, al proteger aquello que permite el acceso, el uso y la práctica de un derecho. Como señaló el Tribunal Constitucional español en su sentencia de 8 de abril de 1981, el contenido esencial de un derecho es violado "cuando el derecho queda sometido a limitaciones que lo hacen impracticable, la dificultan más allá de lo razonable o lo despojan de la necesaria protección". La falta de accesibilidad puede hacer impracticable un derecho.

Así, puede afirmarse que la posibilidad de acceder al Juzgado o la de comprender el sentido de un proceso, son condiciones que permiten el ejercicio del derecho a la tutela judicial efectiva y, en este sentido, forman parte del contenido esencial de dicho derecho. La posibilidad de acceder a un centro educativo, de compartir espacios o de tener acceso a los materiales y contenidos educativos, son también exigencias de una educación inclusiva y, por tanto, del contenido esencial del derecho a la educación. Los apoyos y la asistencia, pueden también formar parte del contenido esencial de los derechos y, por tanto, su falta puede suponer una transgresión de ese derecho.

Interesa subrayar como, en ocasiones, los contenidos de accesibilidad que posibilitan el ejercicio de un derecho se han constituido en derechos singulares adquiriendo una individualidad propia. Es el caso del derecho de acceso a la justicia, o del derecho de acceso a la información, o del derecho de acceso a internet... Incluso, la idea de accesibilidad puede concretarse aún más en el seno de estos derechos. Un buen ejemplo lo constituye el derecho a un intérprete, que puede ser concebido como concreción del acceso a la justicia.

Esta manera de entender el acceso a la justicia posee cierta tradición en el ámbito de los derechos humanos, si bien su denominación como tal, podemos afirmar que es relativamente reciente.

Así, no cabe duda de que el acceso a la justicia está presente en el artículo 10 de la Declaración. Universal de Derechos Humanos, cuando señala: "Toda persona tiene derecho, en condiciones de plena igualdad, a ser oída públicamente y con justicia por un tribunal independiente e imparcial, para la determinación de sus derechos y obligaciones o para el examen de cualquier acusación contra ella en materia penal". También está presenten en el artículo 6,1 del Convenio Europeo de Derechos Humanos, que afirma: "Toda persona tiene derecho a que su causa sea oída equitativa, públicamente y dentro de un plazo razonable, por un Tribunal independiente e imparcial, establecido por ley…". Y lo mismo cabe decir del artículo 47 de la Carta de Derechos Fundamentales de la Unión Europea, en el que puede leerse: "Toda persona …. tiene derecho a la tutela judicial efectiva… Toda persona tiene derecho a que su causa sea oída equitativa y públicamente y dentro de un plazo razonable por un juez independiente e imparcial, establecido previamente por la ley...".

En la Constitución española, el contenido del acceso a la justicia lo encontramos en el artículo 24, que se refiere a la tutela judicial efectiva de los derechos, afirmando: "Todas las personas tienen derecho a obtener la tutela efectiva de los jueces y tribunales en el ejercicio de sus derechos e intereses legítimos, sin que, en ningún caso, pueda producirse indefensión".

Sin embargo, los preceptos anteriores no aluden explícitamente al acceso a la justicia ni tampoco recogen de manera íntegra todas sus dimensiones. En este sentido, es la Convención sobre los Derechos de las Personas con Discapacidad la que si se refiere explícitamente al derecho. En efecto, en el artículo 13 de esta norma internacional, se afirma: "1.Los Estados Partes asegurarán que las personas con discapacidad tengan acceso a la justicia en igualdad de condiciones con las demás, incluso mediante ajustes de procedimiento y adecuados a la edad, para facilitar el desempeño de las funciones efectivas de esas personas como participantes directos e indirectos, incluida la declaración como testigos, en todos los procedimientos judiciales, con inclusión de la etapa de investigación y otras etapas preliminares. 2. A fin de asegurar que las personas con discapacidad tengan acceso efectivo a la justicia, los Estados Partes promoverán la capacitación adecuada de los que trabajan en la administración de justicia, incluido el personal policial y penitenciario".

Pues bien, desde el artículo 13 de la Convención sobre los Derechos de las Personas con Discapacidad, es posible hacer referencia a dos proyecciones del derecho de acceso a la justicia.

La primera reviste una gran importancia, sobre todo cuando abordamos y relacionamos el acceso a la justicia con las situaciones de vulnerabilidad. El acceso a la justicia desde esta proyección se identifica con la participación de las personas en la justicia, esto es, en su impartición. Implica, por tanto, que los ciudadanos participan en uno de los poderes del Estado, como es el poder judicial. Se trata de una dimensión equiparable a la participación política, a la participación cultural o a la participación social.

La segunda de las proyecciones supone el acceso a la protección de mis derechos. Se trata de una dimensión esencial. Si el derecho a tener derechos ha sido considerado como el principal derecho humano, es posible afirmar que el acceso a la justicia en este sentido, que en cierta manera es el derecho a que mis derechos sean protegidos, posee un valor similar.

2.- ACCESO A LA JUSTICIA Y ACCESIBILIDAD: CULTURA JURÍDICA

Pero la accesibilidad posee otra proyección desde la que, el acceso a la justicia, se contempla incluso, como una exigencia que va más allá de los derechos, constituyendo un requisito consustancial a la idea de Derecho. La accesibilidad, desde esta proyección se relaciona con los rasgos de lo jurídico.

Hace unos años, en un breve trabajo publicado en el libro homenaje al profesor Mario Losano[3], desarrollé un concepto que había apuntado en *Una aproximación a los modelos de Estado de Derecho*[4]: los rasgos de lo jurídico. Ciertamente no se trataba de una idea novedosa al estar relacionada con la llamada por Fuller moral interna del Derecho[5], si bien me refería a ellos desde una comprensión cercana a la de Hart[6] y vinculándolos a una perspectiva funcional del Derecho.

Los rasgos de lo jurídico son exigencias que todo Derecho debe satisfacer para poder cumplir con su principal función, esto es, organizar y dirigir los comportamientos sociales. Se trata de unas exigencias que forman parte de nuestra cultura jurídica.

Adquieren significado desde una comprensión del Derecho como sistema de normas apoyado en la fuerza del Poder político cuya principal función es el control social puesto al servicio de fines diversos. Este concepto de Derecho implica que son condiciones necesarias para hablar de Derecho, la existencia de un sistema de normas destinadas a ejercer un control social y apoyadas en el Poder político. De esta manera

---

3 R. DE ASIS, "Sobre los rasgos jurídicos", en AA.VV., *El derecho en red. Estudios en homenaje al profesor Mario G. Losano*, Dykinson, Madrid 2014.

4 Dykinson, Madrid 1999, p. 46.

5 Vid. L.L. FULLER, *La moral del Derecho*, trad. de F. Navarro, Trillas, México 1967.

6 H.L.A. HART, *El concepto de Derecho*, trad. G. Carrió, 2ª edición, Abeledo-Perrot, Buenos Aires, 1990, pp. 254-256. Del mismo autor, "Lon L. Fuller: The Morality of Law", en Hart, H.L.A., *Essays in Jurisprudence and Philosophy*, Clarendon Press, Oxford 1983, p. 347.

surgen una serie de exigencias o de rasgos que todo Derecho debe respetar para poder ser considerado como tal.

La idea de sistema supone que el Derecho debe estar formado por un conjunto unitario y coherente (e incluso pleno en un sentido interno)[7]; el respaldo en el Poder político implica que sólo es Derecho aquello que está finalmente apoyado en el aparato coactivo estatal[8]; la función del control social, trae consigo conceder una importancia fundamental a la idea de eficacia (también inmersa en alguna de las ideas anteriores). En este sentido, es posible diferenciar tres grandes grupos de rasgos de lo jurídico. Por un lado, los derivados de la idea de sistema; por otro, los derivados de la relevancia del Poder; por último, los derivados de la función de control social. Me interesa aquí detenerme en estos últimos.

Los rasgos de lo jurídico derivados de la función de control social, conectan necesariamente el problema del concepto de Derecho con el de su eficacia. Y en este punto, es posible diferenciar entre "eficacia técnica" y "eficacia real". La dimensión de la "eficacia técnica" implica que el Derecho se configure técnicamente como una herramienta apta para el control social; la dimensión de la "eficacia real", por su parte, implica que el Derecho cumpla efectivamente con su función de control social. Esta dimensión, que está condicionada por la primera, tiene que ver con la relación entre el Derecho y el Poder y, también, con la obediencia al Derecho.

Los componentes de la eficacia técnica se relacionan con principios tales como el de la publicidad de las normas y decisiones,

---

7 Vid. N. BOBBIO, *Teoría General del Derecho*, edición castellana de E. Rozo Acuña, Debate, Madrid 1991.

8 Vid. N. BOBBIO, *Contribución a la Teoría del Derecho*, trad. de A. Ruiz Miguel, 1ª ed., Fernando Torres, Valencia 1980.

de legalidad, de jerarquía normativa, de prohibición de la arbitrariedad o de irretroactividad o la exigencia de claridad (en el sentido de posibilidad de atribuir significado a las disposiciones normativas). El Derecho necesita de estos principios para presentarse como instrumento apto para el control social. Se trata de principios y exigencias que tradicionalmente forman parte de la idea de seguridad jurídica[9].

Pues bien, la accesibilidad universal se presenta como un rasgo de lo jurídico asociado a la eficacia técnica y por tanto, como un elemento que posibilita que el Derecho sea una herramienta apta para el control social. Y ello es así por la conexión entre el principio de publicidad y la accesibilildad.

El principio de publicidad permite que el Derecho cumpla con su función de organizar y dirigir los comportamientos sociales y refuerza la autonomía de las personas a través de la posibilidad de conocer a qué deben atenerse, estando estrechamente relacionado con la seguridad jurídica. Se trata de un principio que garantiza el acceso de los ciudadanos al Derecho, esto es, la posibilidad de conocer el contenido de las normas. En todo caso, la conexión entre accesibilidad y publicidad puede reforzarse si prestamos atención otro principio relacionado con ésta última como es el principio de transparencia.

El principio de transparencia se relaciona con el acceso público a la información y presume la publicidad de cada uno de los actos, resoluciones, procedimientos y documentos de la Administración, así como la de sus fundamentos y en facilitar el acceso de cualquier persona a esa información, a través de los medios y procedimientos que al efecto establezca la ley.

---

9 Vid. G. PECES-BARBA, "La seguridad jurídica desde la Filosofía del Derecho", en G. PECES-BARBA, *Derecho y derechos fundamentales*, Centro de Estudios Constitucionales, Madrid 1993, p. 268.

Por ello, la transparencia está estrechamente relacionada con la publicidad y la accesibilidad. El artículo 129.5 de la Ley 39/2015 de Procedimiento Administrativo Común, que trata sobre los principios de buena regulación, integra el concepto de accesibilidad dentro del principio de transparencia: "en aplicación del principio de transparencia, las Administraciones Públicas posibilitarán el acceso sencillo, universal y actualizado a la normativa en vigor y los documentos propios de su proceso de elaboración, en los términos establecidos en el artículo 7 de la Ley 19/2013, de 9 de diciembre, de transparencia, acceso a la información pública y buen gobierno; definirán claramente los objetivos de las iniciativas normativas y su justificación en el preámbulo o exposición de motivos; y posibilitarán que los potenciales destinatarios tengan una participación activa en la elaboración de las normas".

Desde la comprensión de la accesibilidad como uno de los rasgos de lo jurídico y desde la relación entre accesibilidad y acceso a la justicia, aparece un nuevo sentido de esta última exigencia. Desde éste, el acceso a la justicia se conectaría con los rasgos de lo jurídico y su contenido quedaría limitado a un acceso a la tutela, como una de las condiciones esenciales para que un Derecho pueda cumplir con su función de organización y dirección de los comportamientos sociales. De alguna manera, desde este significado, el acceso a la justicia no es tanto una exigencia ética (un derecho humano), sino más bien una exigencia funcional, conectada a la eficacia técnica del Derecho. El acceso a la justicia así entendido, no es una exigencia solo de la cultura de los derechos sino de la cultura jurídica.

Vulnerabilidad, proceso y derechos humanos. Análisis de un caso[*]

MARÍA JOSÉ AÑÓN ROIG
Universitat de València

1. INTRODUCCIÓN

Este texto presenta el caso de las personas afectadas por la falta de energía eléctrica en uno de los sectores de la Cañada Real Galiana con el fin de realizar una reflexión de más largo alcance sobre la relación entre la vulnerabilidad y las barreras de acceso a la justicia –especialmente, los obstáculos que impone la propia cultura jurídica–. El caso que se toma como referencia tiene la virtualidad de propiciar un reexamen del concepto de vulnerabilidad desde el denominado enfoque de derechos humanos e invita a adoptar una perspectiva normativa sobre la función y el valor del proceso que cuestiona que este pueda reproducir y dejar inalterada la desigualdad de las partes.

2. VULNERABILIDAD Y DERECHOS HUMANOS

Desde principios del siglo XXI se ha ido fraguando el denominado "Enfoque Basado en los Derechos Humanos"[1] en el seno del sistema universal de protección de los derechos huma-

---

* Este trabajo se enmarca en el proyecto Tiempos y espacios de una justicia inclusiva. Derechos para una sociedad resiliente frente a los nuevos retos (IN-JUSTICE), del Programa Estatal de Investigación. PID2021-1265520B-100. IP: Cristina García Pascual y Rosario Serra Cristóbal.

nos. Se trata de un renovado marco conceptual, ético-cultural y metodológico sobre el desarrollo sustentado en estándares normativos internacionales y orientado a promover y proteger los derechos humanos. En buena medida, el concepto de vulnerabilidad ha llegado a los ordenamientos jurídicos estatales de la mano de esta perspectiva, pero también a resultas de la ocurrencia de crisis de diversa índole –entre ellas, sin duda, la pandemia de COVID-19– a las que el derecho se ha visto impelido a dar respuesta. Interesa, en todo caso, subrayar que la vulnerabilidad es un concepto emergente que ha cobrado especial vigor en el ámbito de los derechos humanos, área en la que, como ha señalado Morondo, es dable esperar que la noción alcance una "operatividad autónoma", dada su aptitud para cuestionar la concepción liberal del sujeto de derechos y las categorías sobre las que esta se cimenta: autonomía e igualdad[2]. Aun cuando el uso cada vez más extendido del término adolece de una notable falta de precisión, la vulnerabilidad ha adoptado unos perfiles que han propiciado su progresiva "inserción" en el derecho: encuentra cada vez mayor acomodo en diferentes ámbitos del sistema jurídico –singularmente, el pro-

---

1 R. DE ASÍS *et al.*, *Estudio sobre los procesos de desinstitucionalización y transición hacia modelos de apoyo personalizados y comunitarios*, Proyecto EDI, pp. 11-15. El estudio expone el Enfoque de Derechos Humanos de una forma muy completa. Disponible en: https://estudiodesinstitucionalizacion.gob.es/wp-content/uploads/2024/01/Estudio-Transversal.pdf

2 La vulnerabilidad como "paradigma", afirma Morondo, se nutre de diversas teorías críticas con la construcción del sujeto de la modernidad y el fundamento de una concepción liberal de los derechos humanos. La autora se refiere así a las teorías sobre la autonomía y la dependencia, sobre el cuidado sobre la discapacidad o sobre la exclusión. D. MORONDO TARAMUNDI, "¿Un nuevo paradigma? La vulnerabilidad entre la condición humana y la situación de indefensión", *Cuadernos Electrónicos de Filosofía del Derecho,* núm. 34, 2016, pp. 205-221, p. 208.

ceso–, informa el diseño y la implementación de determinadas políticas públicas, ha ganado presencia en la jurisprudencia de los tribunales internacionales y con frecuencia integra la fundamentación de las decisiones de las instituciones que tienen a su cargo la protección de los derechos[3].

Sin embargo, una aproximación a esta noción reclama la construcción de un concepto jurídico con proyección general, no solo sectorial. Dado que aquí se pretende indagar en la relación entre la vulnerabilidad y los derechos humanos, debemos plantear cuál es el concepto de vulnerabilidad más coherente con los derechos. A este respecto, se ha señalado la pertinencia de tomar en consideración las dos dimensiones o facetas de la vulnerabilidad: por un lado, la dimensión ontológica y, por otro, la dimensión social. Antes de analizarlas, conviene dejar anotado que la vulnerabilidad también ha sido definida según sus propiedades (daño, potencialidad o riesgo y carácter relacional)[4] y sus referentes (condición, situación, posición y construcción)[5].

Si el concepto de vulnerabilidad ha de ser adecuado para patentizar en la esfera jurídica las condiciones materiales del ejercicio de la autonomía y la libertad, contribuir a la búsqueda de nuevas respuestas para abordar la clásica tensión entre la igualdad formal y la igualdad material, e identificar situaciones de desigualdad estructural, resulta imprescindible tomar en consideración las dos dimensiones arriba mencionadas.

---

3 D. MORONDO TARAMUNDI, "Vulnerabilidad y derechos humanos", *Tiempo de Paz,* núm. 138, otoño, 2020, pp. 20-30.

4 B. LIEDO, "Vulnerabilidad", *Eunomia,* núm. 20, 2021, p. 244.

5 R. DE ASÍS, "Vulnerables. Introducción", *Tiempo de paz,* núm.138, otoño, 2020, pp. 6-8.

Desde el prisma de la dimensión ontológica[6] –también llamada antropológica o existencial–, la vulnerabilidad es consustancial a condición humana, dado que, en cuanto seres humanos, estamos expuestos al daño, la privación y la pérdida, y nuestra fragilidad constitutiva nos convierte en seres dependientes. La vulnerabilidad y la dependencia son, por tanto, atributos que caracterizan a todos los seres humanos[7]. En algún sentido, este rasgo linda con la universalidad que se predica de los derechos humanos. Nuestra debilidad compartida reenvía a la exigencia de la protección de la dignidad de todos, dado que la violación de un derecho humano no implica únicamente un daño al interés particular de la víctima, sino también una vulneración de la dignidad que nos constituye como humanos Sin duda, la dimensión ontológica de la vulnerabilidad es importante y aun ineliminable, pero no añade demasiado a las categorías ya existentes en el ámbito de los derechos humanos, no permite justificar protecciones jurídicas específicas ni suministra criterios valiosos para analizar las obligaciones estatales en materia de derechos humanos.

---

6 La posición de Fineman es un claro exponente de esta concepción, aunque su pretensión es propiciar la construcción de un concepto fundante que permita evidenciar la incapacidad de la igualdad formal para hacer frente a la distribución del poder. M. FINEMAN, "The vulnerable subject: anchoring equality in the human condition», *Yale Journal of Law and Feminism*, vol. 20, núm. 1, 2008, pp. 1-23. De la misma autora, "The vulnerable subject and the responsive state", *Emory Law Journal*, vol. 60, núm. 2, 2010, pp. 251-275.

7 F. Luna critica esta visión porque considera a todos los seres humanos vulnerables e impide la justificación de protecciones específicas en función del grado de vulnerabilidad. La autora prefiere hablar de "capas de vulnerabilidad". F. LUNA, "Identifying and evaluating layers of vulnerability. A way forward", *Developing World Bioethics*, núm. 19, 2019, 86-95.

La dimensión social de la vulnerabilidad, por su parte, debe ser analizada a la luz de algunas nociones especialmente útiles –situación, posición y estructura[8]– que evidencian que la vulnerabilidad es un concepto relacional y no una mera carencia personal. Las referencias a la situación y la posición se han examinado a partir de la idea de indefensión[9], de exposición a un riesgo o a un daño o del riesgo concreto de vulneración de los derechos[10], pero también desde la reflexión sobre las dificultades con las que tropieza la articulación de respuestas para hacer frente a la vulnerabilidad. Aquellas condiciones generan desigualdades en los grados de vulnerabilidad que una persona puede enfrentar a causa de la distribución desigual de recursos, las condiciones, el contexto y las posiciones de poder, factores que enlazan con otro aspecto de la vulnerabilidad: su carácter estructural como raíz o fundamento de tales situaciones o condiciones. Por ello, también puede interpretarse en clave interseccional. No se trata de una característica intrínseca, sino de una posición que determina las posibilidades de la participación social[11].

La noción contenida el numeral 3 de las Reglas de Acceso a la Justicia de las Personas en Condición de Vulnerabilidad (las llamadas Reglas de Brasilia) parece corresponderse con esta visión. De acuerdo con su tenor literal, "una persona o grupo de personas se encuentran en condición de vulnerabilidad cuando su capacidad para prevenir, resistir o sobreponerse a

---

8 B LIEDO, "Vulnerabilidad", cit., p. 249.

9 D. MORONDO TARAMUNDI, "¿Un nuevo paradigma?", cit., p. 208.

10 A. J. LAFUENTE TORRALBA "Las reformas del proceso civil en defensa de los vulnerables: una gran virtud y varios pecados capitales", en J. F. HERRERO PEREZAGUA y J. LÓPEZ SÁNCHEZ (dirs.), *Los vulnerables ante el proceso civil*, Atelier, Barcelona, 2022, pp. 24.

11 B. LIEDO, "Vulnerabilidad*", cit.*, p. 249.

un impacto que les sitúe en situación de riesgo no está desarrollada o se encuentra limitada por circunstancias diversas para ejercitar con plenitud ante el sistema de justicia los derechos reconocidos por el ordenamiento jurídico" (Regla 3).

Del texto convencional se siguen dos corolarios. Por un lado, que la respuesta a la vulnerabilidad no puede limitarse a la protección de la víctima y que es necesario realizar una revisión profunda de las causas estructurales de la situación de vulnerabilidad y del modo en que esta opera en cada contexto específico. Por otro, que es necesario focalizar la atención en las situaciones de vulnerabilidad, las personas en situación de vulnerabilidad y las personas vulneradas antes que en los "grupos vulnerables" previamente identificados. Noción, esta última, que ha sido criticada por su potencial efecto estigmatizador, por su tendencial paternalismo y porque la asociación de la vulnerabilidad a grupos homogéneos constituye un enfoque simplista que se revela incapaz de dar razón de la complejidad del fenómeno[12].

Por tanto, la definición de la vulnerabilidad relevante para la teoría y la práctica de los derechos humanos debe integrarse con los elementos estructurales y sistémicos del binomio igualdad/desigualdades, con los que mantiene relaciones recursivas. Esta dimensión sistémica no puede ser eludida, en la medida en permite ampliar el campo de análisis[13]. Desde esta perspectiva, el concepto de vulnerabilidad puede ser adecuado para desvelar los vínculos entre las violaciones de los derechos

---

12 B. LIEDO, "Vulnerabilidad", cit., pp. 247-249. F. LUNA, "Elucidating the concept of vulnerability: layers not labels", *The International Journal of Feminist Approaches to Bioethics,* 2009, 154-179.

13 M. A. BARRÈRE UNZUETA "¿Vulnerabilidad vs. Subordiscriminación? Una mirada crítica a la expansión de la vulnerabilidad en detrimento de la perspectiva sistémica", *Cuadernos Electrónicos de Filosofía del Derecho,* núm. 34, diciembre 2016, p. 30.

sociales y las vulneraciones de otros derechos, dado que pone en evidencia el comportamiento del Estado y los particulares respecto a ciertas personas y grupos[14], dota de significado y/o de valor al contexto en el que se ejercen los derechos y se muestra idóneo para identificar nuevas formas de afectación de los mismos. En este sentido, la adopción de un concepto complejo de la vulnerabilidad puede contribuir a adaptar y reforzar las obligaciones de los Estados, introducir reformas sustantivas y procesales, ofrecer renovados parámetros para interpretar la igualdad y determinar adecuadamente los límites justificatorios de los dispositivos de protección[15]. Veamos si este planteamiento ha tenido impacto en el acceso a la justicia.

3. ACCESO A LA JUSTICIA Y PROCESO

Como es sabido, el derecho de acceso a la justicia es complejo y multidimensional[16]. Se trata, en primer término, de un derecho articulado en torno al nexo entre el valor del acceso

---

14 C. E. GUIÑAZÚ, "Vulnerabilidad y derechos sociales. Una aproximación desde la bioética", en S. RIBOTTA y A. ROSSETTI (eds.), *Los derechos sociales en el siglo XXI. Un desafío clave para el Derecho y la Justicia*, Madrid, Dykinson, 2010, p. 315.

15 L. PERONI y A. TIMMER, "Vulnerable Groups: The Promise of an Emerging Concept in European Human Rights Convention Law», *International Journal of Constitutional Law*, vol. 11, núm. 4, 2013, pp. 1056-1085; M. BELOFF y L. CLÉRICO, "Derecho a condiciones de existencia digna y situación de vulnerabilidad en la jurisprudencia de la Corte Interamericana" ["The right to dignity and vulnerable groups"], Seminario de Latinoamérica de Teoría Constitucional y Política SELA), Yale Law School, 2014. Disponible en: http://www.law.yale.edu/documents/pdf/SELA14_BeloffClerico_CV_Sp.pdf.

16 He tratado esta cuestión en M. J. AÑÓN, "El derecho de acceso como garantía de justicia: perspectiva y alcances", en C. GARCÍA

y la protección de la dignidad, vínculo que expresa un ideal de justicia y que cuenta con un estándar normativo y doctrinal en los ámbitos regional e internacional[17]. En segundo lugar, el acceso a la justicia es un derecho esencial en la estructura del Estado de Derecho[18] no solo porque garantiza el cumplimiento de la legalidad, sino también, o especialmente, porque el valor instrumental y sustancial de los procedimientos jurisdiccionales[19] en los que se concreta su ejercicio propician la consecución de fines y valores jurídicos. Por último, el derecho de acceso a la justicia puede ser enmarcado en el ámbito de la justicia social y, en esa medida, es susceptible de ser analizado como un derecho social ligado a la igualdad. En este sentido, la falta de acceso a la jurisdicción no solo constituye una carencia en la protección del derecho, sino también una manifestación de la pervivencia de la desigualdad social.

La comprensión del derecho de acceso como derecho social viene definida por dos parámetros[20]. Por una parte, su virtualidad para hacer efectivos dos objetivos básicos del sistema jurídico: la igualdad real –el proceso y los procedimientos deben ser

---

PASCUAL (coord.), *Acceso a la justicia y garantía de los derechos en tiempos de crisis*, Tirant Lo Blanch, Valencia, 2018, pp. 19-75.

17 J. GARCÍA AÑÓN, "El acceso a la justicia como garantía de los derechos humanos: apuntes sobre su evolución", en J. DE LUCAS *et al.* (coords.), *Pensar el tiempo presente: homenaje al profesor Jesús Ballesteros Llompart*, vol. I, Tirant lo Blanch, Valencia, 2018, pp. 663-676.

18 F. J. ANSUATEGUI ROIG, "El acceso a la justicia como elemento del Estado de Derecho: modelos y evaluaciones", en F. J. ANSUÁTEGUI ROIG y M. C. BARRANCO AVILÉS (eds.), *Acceso a la justicia y vulnerabilidad*, Dykinson, Madrid, 2023.

19 M. TARUFFO, *Páginas sobre Justicia*, Marcial Pons, Madrid, 2009.

20 M. CAPPELLETTI y B. GARTH, *El acceso a la justicia. La tendencia en el movimiento mundial para hacer efectivos los derechos*, trad. M. Miranda, Fondo de Cultura Económica, México, 1996, pp. 10-13.

igualmente accesible para todos– y la calidad de los resultados –el sistema jurisdiccional debe generar resultados individual y socialmente justos[21]. Por otra, su aptitud para evidenciar el vínculo entre la igualdad y la calidad de los resultados, dimensiones que no son excluyentes y que hallan en los objetivos de justicia social un terreno fértil para analizar el derecho desde dos prismas: el acceso como *proceso* y el acceso como *resultado*.

La concepción social del derecho de acceso estaría, así, en condiciones de hacerse cargo de las formas de injusticia más lacerantes que, de acuerdo con Fraser[22], son las siguientes: la redistribución de los recursos inequitativa, la falta de reconocimiento o la subordinación de estatus y, finalmente, la representación deficiente y la falta de voz. Lo relevante de estas carencias, subraya Fraser, no son sus efectos en la autorrealización de los sujetos, sino más bien sus impactos negativos en la justicia social. En este sentido, la consideración de la vulnerabilidad ha venido a reforzar la vinculación entre la calidad normativa (ética) del proceso y la justicia de los resultados a fin de que, como señala Lafuente, este "no funcione como una caja de resonancia que reproduzca, perpetúe y multiplique las desigualdades que llegan a él, en definitiva, que el proceso no sea cómplice de la desigualdad"[23].

---

21 H. BIRGIN y B. KOHEN, "El acceso a la justicia como derecho", *Acceso a la justicia como garantía de igualdad. Instituciones, actores y experiencias comparadas*, Biblos, Buenos Aires, 2006, p. 20.

22 N. FRASER, "La justicia social en la era de la política de la identidad: redistribución, reconocimiento y participación", en N. FRASER y A. HONNETH (eds.), *¿Redistribución o reconocimiento? Un debate filosófico-político,* trad. de P. Manzano, Madrid, Morata y Fundación Paideia, 2006, p. 33.

23 A. J. LAFUENTE TORRALBA "Las reformas del proceso civil en defensa de los vulnerables: una gran virtud y varios pecados capitales", en J. F. HERRERO PEREZAGUA y J. LÓPEZ SÁNCHEZ (dirs.), *Los vulnerables ante el proceso civil,* Atelier, Barcelona, 2022, p. 24.

La protección de las personas en situación de vulnerabilidad se ha convertido en un objetivo tanto del derecho internacional de los derechos humanos como de los ordenamientos jurídicos domésticos, entre ellos el español[24]. La conexión de la vulnerabilidad y el acceso a la justicia en el marco del Estado constitucional comporta la concepción del proceso como un dispositivo orientado a proteger adecuadamente los derechos fundamentales[25] y la atribución al operador jurisdiccional del rol crucial de garante de los mismos. Por lo tanto, no es suficiente exigir al proceso una tutela preventiva dirigida "a impedir que las vulnerabilidades cristalicen en vulneraciones", y una tutela reparadora o resarcitoria cuando el daño derivado de la vulnerabilidad se ha producido[26]. Es necesario, también, asegurar que el acceso incluya todos los instrumentos necesarios para hacer valer el derecho reclamado. Esta exigencia reenvía a la responsabilidad de los poderes públicos no solo en el diseño de estructuras procesales que faciliten el acceso y el mantenimiento en el proceso, sino también en la remoción de los obstáculos normativos, sociales y económicos que impiden el acceso a la justicia[27].

---

24 J. F. HERRERO PEREZAGUA y J. LÓPEZ SÁNCHEZ (dirs.), *Los vulnerables ante el proceso civil*, cit. A. ALVAREZ ALARCÓN y D. RAMIREZ CARVAJAL, *Acceso a la justicia de las personas vulnerables*, Reus, Barcelona, 2023. C. MOYA GUILLEM, (dir.) y D. BONSIGNORE, (coord.), *La protección de las víctimas especialmente vulnerables, Aspectos penales, procesales y político-criminales*, Tirant Lo Blanch, Valencia, 2023.

25 L. FERRAJOLI, *Derechos y garantías. La ley del más débil*, Trotta, Madrid, 2009. Del mismo autor, *Constitucionalismo más allá del Estado*, Trotta, Madrid, 2018.

26 A. LAFUENTE TORRALBA, "Las reformas del proceso civil…", cit., p. 24.

27 S. RIBOTTA, "Reglas de Brasilia sobre acceso a la justicia de las personas en condición de vulnerabilidad. Vulnerabilidad, pobreza y acceso a la justicia", *Revista Electrónica Iberoamericana*, vol. 6, núm. 2, 2012, p. 24.

La conciencia de que importantes sectores de la población se ven excluidos del acceso a la justicia es creciente. Los estudios publicados en Latinoamérica, Europa y en el ámbito de Naciones Unidas presentan diagnósticos convergentes sobre las barreras de acceso –que afectan especialmente a las personas en situación de vulnerabilidad–, coincidencia que también se advierte en las propuestas de mejora. Un documento significativo a este respecto son las arriba citadas Reglas de Brasilia sobre acceso a la justicia de las personas en situación de vulnerabilidad, aprobadas en 2008 en el marco de la XIV edición de la Cumbre Judicial Iberoamericana. El mérito de las Reglas es que proponen un concepto que favorece el establecimiento de patrones comunes para afrontar la vulnerabilidad como un fenómeno global y caracterizan a la persona en situación de vulnerabilidad como sujeto procesal emergente[28]. Las citadas reglas se centran en las líneas maestras del régimen protector, cuyo ámbito de aplicación afecta o incide en todos los órdenes jurisdiccionales, y contemplan medidas para facilitar el acceso a la jurisdicción, mejorar el desarrollo del proceso, contribuir a la comprensión y participación en el mismo, así como a criterios relativos a la organización o gestión judicial y la celebración de los actos judiciales.

Desde el enfoque de los derechos humanos, la aproximación al derecho de acceso ha cambiado a partir de la introducción de tres parámetros de valoración en el análisis de los obstáculos y las restricciones que impiden su adecuada realización[29]: i) la constatación de las carencias en todas las dimensiones del acceso a la justicia que son imputables a los Estados; ii)

---

28 A. LAFUENTE TORRALBA, "Las reformas del proceso civil…", cit., pp. 28-29.

29 F. ANDREU-GUZMÁN y C. COURTIS, "Comentarios sobre las 100 reglas de Brasilia sobre acceso a la justicia de las personas en condición de vulnerabilidad", en *Reglas de Brasilia sobre Acceso a la Justicia de las*

la consideración de que esas barreras pueden constituir violaciones persistentes de los derechos humanos; y iii) el examen de si tales impedimentos se producen en un contexto estructural de discriminación y desigualdad[30].

La adopción de la perspectiva del sujeto en situación de vulnerabilidad invita a examinar la situación de indefensión o de exposición al riesgo y la vulneración de derechos originada por la falta de cobertura institucional que genera obstáculos injustificados a los que no tienen que hacer frente las personas que no están en esa situación[31].

Si las estructuras institucionales son las que generan la vulnerabilidad, los poderes públicos deben ser particularmente cuidadosos en el cumplimiento de sus obligaciones: no solo deben garantizar el acceso a la justicia, sino también eliminar los obstáculos que la impiden y preservar el valor instrumental y sustantivo del proceso. Por ejemplo, en el ámbito del derecho de consumo se han introducido modificaciones encaminadas a abordar las asimetrías que caracterizan a este sector –entre ellas, la dispar información de que disponen las partes, su desigual poder de negociación– y que motivan que en muchas ocasiones la parte más débil renuncie a la defensa de sus derechos. Entre ellas destacan las medidas que redefinen el principio dispositivo y atribuyen al juez

---

Personas en Condición de Vulnerabilidad, Ministerio Público de la Defensa, Defensoría General de la Nación, Buenos Aires, 2008, pp. 21-31.

30 S. RIBOTTA, "Acceso a la justicia en situaciones de pobreza y vulnerabilidad socioestructural. Reflexiones desde las Reglas de Brasilia 2018" en F. J. ANSUÁTEGUI ROIG y M.C. BARRANCO AVILÉS (eds.), *Acceso a la justicia y Vulnerabilidad,* cit.

31 L. SUAREZ LLANO "Caracterización de las personas y grupos vulnerables", en M. A. PRESNO (coord.), *Protección jurídica de las personas y grupos vulnerables,* Universidad de Oviedo-Procuradora General del Principado de Asturias, Oviedo, 2013, pp. 35-92.

mayores competencias en la supervisión de los contratos[32]. En este sentido, es necesario que, cuando la vulnerabilidad afecta a las condiciones de ejercicio de derechos fundamentales, los poderes públicos –particularmente, la judicatura– asuman una función activa en la remoción de los obstáculos que impiden o dificultan el acceso a la justicia y la continuidad en el proceso.

El acceso a la justicia tropieza con múltiples barreras que han sido examinadas en profundidad y que pueden clasificarse de acuerdo con diferentes criterios. La identificación de esas barreras es el primer paso para reflexionar sobre el alcance que queremos asignar a la igualdad efectiva. Cappelletti y Garth hacen referencia a las barreras económicas, organizativas y procesales[33], aunque también se han identificado otras barreras: culturales, lingüísticas, informativas y formativas[34]. J. M. Roca clasifica los principales límites o condicionantes en cuatro ámbitos: físico y económico, organizativo (o institucional), procesal y cultura, todas ellas ampliamente examinadas[35]. Las barreras físicas y económicas afectan a la decisión de iniciar el proceso y están estrecha-

---

32 Como advierte Lafuente, la adopción de medidas para proteger a la persona en situación de vulnerabilidad es una cuestión delicada y hay que proceder con cautela para evitar ciertos peligros como el paternalismo judicial o situar a las personas necesitadas de tutela en una posición victimista. Cfr. LAFUENTE TORRALBA, "Las reformas del proceso civil...", cit, p. 37.

33 M. CAPPELLETTI y B. BARTH, *El acceso a la justicia. La tendencia en el movimiento mundial para hacer efectivos los derechos,* cit., p. 20.

34 R. JUAN SÁNCHEZ, "Calidad de la justicia, gestión de los tribunales y responsabilidades públicas: algunos estándares internacionales y otras buenas prácticas para favorecer el acceso a la justicia", en C. GARCIA PASCUAL (ed.), *Acceso a la justicia y garantía de los derechos en tiempos de crisis,* cit., pp. 77-130.

35 J. M. ROCA MARTINEZ, "Vulnerabilidad y garantías procesales. Respuesta procesal frente a la vulnerabilidad", cit., pp. 220-233

mente relacionadas con el modelo de justicia distributiva de cada país. Las barreras organizativas o institucionales se presentan en las etapas de desarrollo del proceso y de ejecución de la sentencia y se concretan en la carencia de información, la corrupción del sistema judicial, el formalismo en la aplicación del derecho, los miedos que genera la jurisdicción, las dilaciones en el dictado de las sentencias o las dificultades asociadas incluso a la geografía. Los riesgos a los que se ven expuestas las personas son endoprocesales, pero también extraprocesales, y ambos pueden retroalimentarse. Como observa Lafuente[36], en ocasiones obligan a las personas en situación de vulnerabilidad a protegerse del propio proceso para impedir que este les cause daños adicionales. Por su parte, las barreras asociadas a la cultura jurídica –entendida en sentido amplio– cobran una importancia fundamental cuando se toman en consideración dos puntos de vista: por una parte, la posición de las personas y los grupos más débiles, su motivación para llevar a cabo una acción judicial y su interés por presentar una situación vital con relevancia jurídica y, por otra, el punto de vista de los operadores jurídicos, especialmente los jueces y tribunales.

Este conjunto de limitaciones ha dado lugar a una reflexión sobre la necesidad de articular respuestas frente a las situaciones arriba descritas y proponer una serie de objetivos a largo plazo. Entre ellos destacan el desarrollo de soportes en el acceso a la justicia, la mejora de la asistencia al justiciable, el asesoramiento legal a las partes, la difusión de una cultura de los derechos, una cultura de la justificación o la acomodación del sistema judicial a la diversidad[37].

---

36 A. J. LAFUENTE TORRALBA, "Las reformas del proceso civil en defensa de los vulnerables…", cit., pp. 26-27.

37 R. GARGARELLA "El derecho frente a la protesta social", *Espacio Abierto,* núm. 13, 2010, pp. 101-114. Del mismo autor, "Justicia penal y desigualdad social", *Claves de Razón Práctica,* núm. 188, 2008, pp. 38-42.

4. EL CASO DE LA CAÑADA REAL GALIANA

El caso de la Cañada Real Galiana constituye, en mi opinión, un supuesto privilegiado que evidencia la divergencia entre la cultura jurídica y el enfoque de derechos humanos y los efectos de las decisiones judiciales recaídas en casos donde está en juego la desigualdad motivada por la desatención a las relaciones entre los derechos y la vulnerabilidad.

4.1. El caso y su contexto

Comenzaré por presentar el contexto de este caso[38]. La Cañada Real Galiana es un aglomerado de construcciones extendidas a lo largo de 14 kilómetros que discurre por tres municipios (Coslada, Madrid y Rivas Vaciamadrid) y que está dividida en 6 sectores. La Cañada Real no dispone de los servicios e infraestructuras básicas con las que cuenta cualquier otro municipio o barrio. En los últimos años la zona ha sufrido cortes de luz intermitentes[39] y en octubre de 2020 se produjo una in-

---

38 *Informe Luz para la Cañada.* Autoras: Ainhoa Echave-Sustaeta Abella, Carmen Ordóñez Montellano, María Cuadrillero Bustamante, Valentina Ortiz Beltrán, Raquel Setién Yudego y Selma Maxínez Sánchez. Tutor: Ignacio Campoy Cervera. Cotutora: Gabriela Velásquez Crespo. Publicado en el año 2021. El informe se realiza en el marco de la Clínica Jurídica del Máster en Derechos Fundamentales del Instituto de Derechos Humanos Gregorio Peces-Barba de la Universidad Carlos III de Madrid, 2021, pp. 7-8. El informe se centra en el impacto del corte de suministro eléctrico en la Cañada Real sobre los derechos de las niñas, niños y adolescentes.

39 Ya en 2012, el equipo de médicos del Servicio Madrileño de Salud conocido como EIPE (Equipo de Intervención en Población Excluida) puso de manifiesto los riesgos de las condiciones de vida para las personas en un informe en el que manifestaba lo siguiente: "Además de vulnerar numerosos derechos fundamentales y afectar a la

terrupción indefinida del suministro que afectó a los Sectores 5 y 6 del barrio y que hoy se mantiene en el último de ellos, donde viven aproximadamente 4.500 personas, de las cuales 1.800 son menores. Esta situación coincidió con la irrupción de la pandemia mundial ocasionada por el virus SARS-CoV-2, causante de la enfermedad COVID-19, así como con la oleada de frío causada por el temporal Filomena, circunstancias que agravaron los problemas de los vecinos y, especialmente, de todas las niñas, niños y adolescentes que allí residen. Según Distribución Electricidad SAU, empresa filial de Naturgy, estos cortes de suministro eléctrico se deben a la sobrecarga y las sobreintensidades de distribución provocadas por las conexiones ilegales a la red de distribución, así como por el excesivo consumo de luz destinado al cultivo de marihuana, que superan la potencia disponible.

Un examen de las condiciones sociales de la zona[40] constató la existencia de graves problemas de vivienda (chabolismo, infravivienda), la carencia o precariedad de los servicios básicos (agua, electricidad, transporte público, recogida de basuras); la deficiente o nula existencia de infraestructuras (alcantarilla-

---

actividad económica, la educación, la comunicación, la dignidad y la vida social y cotidiana de las personas y de la comunidad, es bien sabido que la falta de suministro eléctrico tiene un impacto sobre la salud a través del aumento de la mortalidad y de la incidencia de numerosas morbilidades tales como enfermedades cardiovasculares, reumatológicas, infecciones respiratorias, crisis de asma, problemas de salud mental, accidentes domésticos, caídas, o bajo peso al nacer, entre otras". Este informe consta en una denuncia presentada en 2021 por la muerte de una persona a consecuencia de los cortes de suministro eléctrico. Fundación CAES. Disponible en: https://caes-cooperativa.es/2021/01/primera-denuncia-ante-la-posible-victima-mortal-por-los-cortes-del-suministro-electrico-en-canada-real/

40 *Informe Luz para la Cañada Real*, cit., p. 14

do, pavimentación, alumbrado público); la ausencia de equipamientos básicos (centros educativos, sanitarios, culturales, deportivos); las dificultades de acceso de la población a los servicios públicos básicos y serios problemas de insalubridad.

También ha resultado acreditada la vulnerabilidad energética. Entre octubre y diciembre de 2022, el Grupo de Ingeniería para el Desarrollo Humano de la Universidad Carlos III llevó a cabo un estudio con la finalidad de realizar un diagnóstico sobre los usos y necesidades energéticas de la población de La Cañada Real Galiana entre 2020 y 2022[41]. El informe final da cumplida cuenta de la vulnerabilidad energética de este asentamiento informal. Además de constatar que los vecinos deben recurrir a conexiones irregulares para acceder a servicios básicos (luz, agua, saneamiento), el informe señala que la vulnerabilidad energética existe en toda la Cañada, y que, si bien hay sectores en los que la vulnerabilidad se concreta en una inseguridad en el suministro, en los Sectores 5 y 6 se vive una situación de emergencia debido a la desconexión permanente del suministro eléctrico. Asimismo, la investigación cuantifica los indicadores directos de pobreza energética (temperatura y humedad en el hogar fuera del rango de confort y desconexiones del suministro eléctrico) tomando como referencia medidas físicas e indicadores indirectos o factores de riesgo como la situación socioeconómica de los hogares, la condición

---

41 Los resultados del informe se publicaron recientemente. U. RUIZ-RIVAS, S. TIRADO-HERRERO, R. CASTAÑO-ROSA, MARTÍNEZ-CRESPO, "Disconnected, yet in the spotlight: Emergency research on extreme energy poverty in the Cañada Real informal settlement, Spain", *Energy Res. Soc. Sci.*, 2023, p 102. Informe Final del Proyecto Diagnóstico de los usos y necesidades energéticas de la población de la Cañada Real Galiana. Disponible en: https://e-archivo.uc3m.es/handle/10016/38662

de las viviendas, o el equipamiento eléctrico a partir de datos de encuestas y censales.

El diagnóstico evidencia que las condiciones ambientales del interior de los hogares intensifican la vulnerabilidad de sus habitantes y que es habitual la presencia simultánea de varios factores de precariedad (ingresos bajos, mala calidad de la edificación, equipamiento inadecuado y desconexiones). Asimismo, señala que en las habitaciones de mayor uso se soportan temperaturas de -10° en invierno y de +40° en verano. En términos generales, prosigue el diagnóstico, el equipamiento energético de las viviendas es, en muchos casos, deficiente e inadecuado, y la disponibilidad de suministro eléctrico se ve comprometida bien por los cortes intermitentes, bien, como sucede en el sector 6 desde octubre de 2020, por la interrupción permanente de la conexión, que no ha sido restablecida. El informe concluye señalando que, debido a la situación de emergencia generada por la interrupción del suministro eléctrico, la zona experimenta un aumento de la precariedad y presenta un creciente número de casos de pobreza energética que difícilmente se encuentran en otras zonas de la UE o en general en el norte global [42].

Es importante subrayar que en 2017 todas las administraciones con competencias en la materia firmaron el Pacto Regional por la Cañada Real, documento que prevé que, hasta que no se produzca el realojo de los residentes, debe proveérseles de suministros básicos, entre ellos la electricidad. El anexo III del pacto contiene el listado de medidas provisionales para dignificar las condiciones de vida de los habitantes.

---

[42] RUIZ-RIVAS, U., TIRADO-HERRERO, S., CASTAÑO-ROSA y MARTÍNEZ-CRESPO, R. «Disconnected, yet in the spotlight», cit. p. 16.

La situación inhumana de la Cañada Real Galiana –especialmente la del sector 6– ha motivado que desde 2020 diversos sectores sociales hayan protagonizado movilizaciones bajo un núcleo argumental común: se trata de un caso de violación de los derechos humanos, dado que la luz es un derecho y no puede cortarse sin más, sobre todo cuando la interrupción del suministro no se debe al impago, sino a la imposibilidad de acceder legalmente al mismo. En estas movilizaciones se reconoce que el barrio es alegal, pero se aduce que está en proceso de dignificación[43]. Cabe destacar que también ha sido fundamental la defensa letrada, así como la coordinación y el intercambio de conocimientos entre la asistencia técnico-jurídica y la academia. Lo significativo de este caso es que en él convergen elementos o factores que pueden contribuir a superar las barreras culturales de acceso a la justicia, a reforzar las capacidades para evitar las consecuencias negativas asociadas al estatus, a aumentar el respeto por los grupos socialmente vulnerables y a maximizar las posibilidades de reclamar y hacer efectivo un derecho, dimensiones capaces de coadyuvar a contrarrestar los efectos de las distintas barreras a las que se ha hecho referencia arriba[44].

---

43 La Plataforma cívica de apoyo a la luz en la Cañada está integrada por más de 90 organizaciones sociales.

44 Entre esas condiciones destacaría algunas: (a) La formación especializada de abogados y de equipos interdisciplinares para asegurar que ofrecen a los demandantes un asesoramiento de calidad, así como la incorporación la práctica jurídica de competencias que promuevan la tutela de los derechos humanos. (b) Los intercambios de información, formación y referencias entre organizaciones que proporcionan asesoramiento y apoyo a las víctimas. (c) La articulación del trabajo en red de las organizaciones que trabajan en el área de los derechos humanos para identificar las necesidades prácticas de los demandantes individuales y el mejor modo de responder a ellas. Al respecto es de interés el trabajo de J. GARCIA AÑÓN, Acceder a la justicia: la función

En este proceso social intervino el Defensor del Pueblo, que exhortó a las autoridades a regularizar el suministro de acuerdo con las previsiones el Pacto de 2017[45]. Asimismo, diversas relatorías de Naciones Unidas dirigieron al gobierno español un escrito sobre la vulneración directa de los derechos de niños, niñas y adolescentes en el que puede leerse la siguiente consideración: "La falta de electricidad no solo viola el derecho de la infancia a una vivienda adecuada, sino que tiene un efecto muy grave en sus derechos a la salud, a la alimentación, al agua, al saneamiento y a la educación"[46].

No hay duda de que este caso presenta distintas dimensiones y que puede ser analizado desde varios frentes jurídicos. Me interesa examinar alguno de los aspectos relacionados con el tratamiento que ha recibido en diversos procesos judiciales impulsados en los ámbitos estatal y europeo. En el orden interno han tenido lugar distintos procesos en los que se han alegado vulneraciones de diversos derechos [47]. Me limitaré a

---

de las universidades, las clínicas jurídicas y las ONG, y su impacto construyendo los límites del derecho, en C. GARCÍA PASCUAL (coord.), *Acceso a la justicia y garantía de los derechos en tiempos de crisis: de los procedimientos tradicionales a los mecanismos alternativos*, Tirant lo Blanch, Valencia 2018, págs. 301-328

45 Defensor del Pueblo, "Adopción de medidas para asegurar el suministro eléctrico a los residentes de la Cañada Real Galiana", 22/11/2022. Disponible en: https://www.defensordelpueblo.es/resoluciones/adopcion-de-medidas-para-asegurar-el-suministro-electrico-a-los-residentes-de-la-canada-real-galiana-2/

46 Expertos de la ONU, "España: Los cortes de electricidad ponen en peligro la vida de los niños y niñas en la Cañada Real" 22/12/2020. Disponible en: https://www.ohchr.org/es/2020/12/spain-power-outages-put-childrens-lives-risk-informal-settlement-un-experts

47 En 2013, la STC 188/2013 desestimó un recurso de amparo por el derribo ilegal de una vivienda en la Cañada Real. Durante estos años se han presentado otras denuncias por coacciones a los vecinos

analizar aquellos procesos en los que se han dirimido denuncias y demandas relativas al suministro energético.

4.2. Análisis y valoración de algunos procedimientos

4.2.1. Denuncia contra la Comunidad de Madrid y Naturgy ante el Juzgado de Instrucción n.º 42 en enero de 2021

El primer proceso fue impulsado por la asociación cultural Tabadol, formada por mujeres marroquíes del sector 6. En enero de 2021, la asociación presentó una denuncia ante el Juzgado de Instrucción n.º 42 de Madrid contra la Comunidad de Madrid y Naturgy en nombre de las familias de la Cañada Real por coacción para evitar el disfrute de una vivienda digna, trato degradante, lesión de la integridad moral, daños y lesiones. Las denunciantes solicitaron al juzgado que realizara una inspección ocular de las instalaciones de luz de la Cañada, que tomara declaración a las autoridades de la Comunidad de Madrid y a los responsables de Naturgy-Unión Fenosa, y que realizara cuantos actos de investigación fueran necesarios para esclarecer los hechos, restablecer el suministro de luz y determinar las responsabilidades penales de los denunciados.

---

y por delitos económicos y medioambientales. Por otra parte, el Juzgado de Instrucción n.º 20 de Madrid, donde se investiga el presunto derribo ilegal de una vivienda del sector 6 en julio de 2022, ha citado a declarar en calidad de investigado al Sr. Markel Gorbea Pérez, quien ejercía como Comisionado de la Comunidad de Madrid de la Cañada Real desde julio de 2021. La Fundación CAES, que se encarga de la asistencia letrada en algunos de los procedimientos, reúne información actualizada sobre estos.

El juzgado solicitó a la empresa suministradora de energía que emitiera un informe. Este informe de parte fue el fundamento del sobreseimiento de la causa. La decisión fue recurrida en apelación ante la Audiencia Provincial de Madrid que, mediante auto, resolvió que no era posible adoptar una decisión sin disponer de un informe pericial independiente. El auto se pronunció a favor del reconocimiento del derecho a la tutela judicial efectiva, especialmente a los colectivos vulnerables, y ordenó el nombramiento de un perito. En septiembre de 2021 se designó de un perito independiente. Sin embargo, su informe, fechado el 24 de enero del 2022, no resultó concluyente. Por otra parte, el Juzgado de Instrucción interpretó que en el sector 6 había suministro de luz. Finalmente, la apelación ante la Audiencia Provincial se archivó mediante auto. Asimismo hay que subrayar que la representación de las denunciantes solicitó la práctica de pruebas sobre las que aún no se había pronunciado en tribunal y presentó el informe elaborado por un equipo de ingenieros de la Universidad Carlos III al que me he referido en detalle arriba.

4.2.2. Auto 104/2021 del Tribunal Superior de Justicia de Madrid. Sala de lo Contencioso

Este proceso fue iniciado por una familia de la Cañada Real que había solicitado la adopción de medidas cautelares antes de presentar un recurso ante la jurisdicción contencioso administrativa para la protección de derechos fundamentales por inactividad de la administración.

Los demandantes solicitaron que, con carácter inmediato y urgente, la Comunidad de Madrid ordenara a la empresa suministradora de energía el restablecimiento del suministro eléctrico en la vivienda y que, en caso de que esa medida no fuera posible por razones técnicas, procediera a la instalación de grupos electrógenos o instrumentara cualquier solución viable de análoga naturaleza para garantizar las condiciones mínimas de habitabilidad –y, en consecuencia, la supervivencia– a los menores residentes en la vivienda en un plazo máximo de 24 horas

La situación fáctica sometida a la consideración del tribunal es la siguiente:

"El pasado 2 de octubre de 2020 los recurrentes sufrieron los primeros cortes de luz en la vivienda, llevando ya más de dos meses sin ningún tipo de suministro eléctrico. Como consecuencia de este desabastecimiento, los recurrentes están viviendo en unas condiciones extremas de frío dentro de la vivienda que les expone gravemente a hipotermia y enfermedades respiratorias graves en época invernal. El mayor de los niños tiene diagnosticado asma, resultando el frío y la humedad actual particularmente peligrosa para la evolución de su enfermedad. La pequeña, de 5 años, padece de anonimizado además de estar en tratamiento de estrabismo con toxina botulínica. La familia se calienta dentro de la vivienda, de dimensiones muy reducidas, con calefacción de leña, exponiéndose los recurrentes a un riesgo cierto de intoxicación por monóxido de carbono. No pueden mantenerse alimentos en el congelador ni en la nevera, afectando significativamente a las posibilidades alimentarias de la familia. El período de vacaciones escolares navideñas está haciendo que los niños pasen todo el día en la vivienda o en la calle, expuestos al frío, sin posibilidad de estar en un lugar aislado y caliente durante algunas horas, ni comer comida caliente como en el comedor escolar.

Durante este tiempo se han producido en la zona numerosas intoxicaciones por monóxido de carbono como consecuencia del uso de calefacción por combustión o generadores eléctricos de gasolina, que han precisado atención en urgencias hospitalarias, ingresos y oxigenoterapia; han tenido lugar ingresos de bebés por hipotermia; agravamiento de las afecciones respiratorias, especialmente en niños; dificultades en el seguimiento de tratamientos médicos diversos (ingestión de medicación en la oscuridad, funcionamiento de aparatos de oxigenoterapia, conservación de insulina para personas diabéticas, etc.) y problemas de salud mental que incluyen intentos autolíticos. Todas estas circunstancias se producen en el contexto de una aparente nueva ola de contagios de coronavirus que requiere la toma de medidas de aislamiento social y de higiene personal que son imposibles de cumplir en la vivienda. A pesar de todo lo anterior, los recurrentes (igual que sus vecinos) no tienen suministro eléctrico en la vivienda. Se pronostica la llegada de un temporal de frío mañana día 6 de enero, alcanzándose en los próximos días temperaturas de hasta -4° en la zona en la que se encuentra la vivienda y probabilidad alta de nieve a partir del próximo jueves 7 de enero".

En la demanda se incorporaron todos los requerimientos dirigidos a las Consejerías y Direcciones Generales de la Comunidad de Madrid con competencias en la materia –que no tuvieron respuesta–, así como al Ayuntamiento de Madrid y a la Delegación del Gobierno. Solo la comunicación dirigida a la directora general de Infancia, Familia y Natalidad del Gobierno de la Comunidad fue respondida, pero esta responsable política se limitó a expresar su preocupación por la situación y no ofreció ninguna solución. La situación también se puso en conocimiento del alto comisionado para la Prevención de la Pobreza Infantil, el Defensor del Pueblo y diversos relatores de Naciones Unidas.

El argumento central de los demandantes fue el siguiente: en la medida en que la administración es responsable de adoptar medidas encaminadas a garantizar el suministro eléctrico, las medidas cautelares debían ser adoptadas, dado que en el supuesto objeto de controversia la administración estaba obligada a actuar en defensa de los derechos vulnerados, y ello no perjudicaba el interés general ni los de terceras personas.

Me interesa analizar alguno de los argumentos esgrimidos por el Tribunal Superior de Justicia de Madrid en el auto 104/2021, de 5 enero.

El tribunal examina en primer lugar si procede la adopción de una medida cautelar previa a la interposición de un recurso contencioso-administrativo, decisión que estaría justificada cuando el demandante ha solicitado previamente esa actuación a la administración y esta no actúa o no responde en un plazo de tres meses. Tras analizar las condiciones en las que procede la adopción de una medida cautelar, el tribunal concluye que los demandantes no han solicitado la ejecución de una prestación concreta debida "en favor de una o varias personas determinadas", sino una genérica petición de cumplimiento.

El primer argumento del tribunal sobre el que quiero llamar la atención es la tesis de que no puede haber inactividad de la administración allí donde no existen obligaciones concretas atribuibles a la misma. De acuerdo con el FJ 4 de la resolución, este argumento se sustenta en las siguientes razones.

En primer lugar, el tribunal sostiene que en este caso la administración no tiene obligaciones concretas puesto que los recurrentes han fundamentado la atribución de obligaciones en normas que tienen "un evidente carácter programático". Las normas alegadas fueron las siguientes: la Convención sobre los Derechos del Niño adoptada por la Asamblea General de Naciones Unidas el 20 de noviembre de 1989, instrumento que, en cuanto tratado ratificado por España –la sentencia alude el art.10 CE, pero no al art. 96 CE–, genera obligaciones sustantivas orientadas a garantizar el interés superior del menor y a evitar violaciones de los derechos amparados en la Convención que vinculan a los poderes públicos del Estado español; el artículo 39.4 de la CE, que dispone: "Los niños gozaran de la protección prevista en los acuerdos internacionales que velan por sus derechos"; la Ley Orgánica 1/1996, de 15 de enero, de

Protección Jurídica del Menor y el Estatuto de Autonomía de Madrid. En el citado FJ4, el tribunal sostiene que se trata de normas "que o bien son de corte programático o contienen obligaciones genéricas de las que es imposible extraer un incumplimiento concreto y preciso del deber de prestación que aquí se reclama de facilitar suministro eléctrico a la vivienda de la parte actora, para dar lugar a la inactividad que propugna la medida cautelar".

Parece que una cuestión tan central para el paradigma constitucional y la relación entre los tratados de derechos humanos y el derecho interno reclama una argumentación más completa y más sólida, entre otras razones porque el tribunal no puede soslayar el rol que el Estado constitucional atribuye a los tribunales en la protección y garantía de los derechos[48] ni la responsabilidad de todos los poderes públicos –entre ellos, obviamente, los jueces y tribunales y los diseñadores de las políticas públicas– con los derechos fundamentales. Como sostiene Barranco[49], las actuaciones de las que son responsables los poderes públicos trascienden la organización del sistema de justicia. Los jueces y tribunales pueden cuestionar la legalidad y la constitucionalidad de las normas, examinar los procedimientos y las prácticas discriminatorias, contribuir a la formación para combatir los estereotipos y prejuicios, y concienciar a la sociedad sobre estas cuestiones.

---

48 L. FERRAJOLI, *Derechos y garantías. La ley del más débil*, Trotta, Madrid 1999; y L. FERRAJOLI, *Principia Iuris. Teoría del Derecho y de la democracia*, Trotta, Madrid, 2011.

49 M. C. BARRANCO AVILÉS, "Acceso a la justicia", en A. VÁZQUEZ ENCALADA (ed.), *Manual sobre justicia y personas con discapacidad*, Suprema Corte de Justicia de la Nación, México 2021, p. 124. M. C. BARRANCO AVILES, "El concepto de vulnerabilidad con respecto al acceso a la justicia" en F. J. ANSUÁTEGUI ROIG Y M.C. BARRANCO AVILÉS (eds.), *Acceso a la justicia y Vulnerabilidad*, cit.

En este caso, el tribunal no ha entrado a valorar la posible vulneración de los derechos de los niños afectados en la situación fáctica presentada. En contraste con la exigencia planteada por el enfoque de derechos humanos, no ha tomado en consideración que las normas que fundaron la demanda –particularmente, las referidas a los derechos humanos– son instrumentos especialmente resistentes, dado que vinculan y limitan la actuación del legislador y que, por su relevancia, se benefician de un régimen especial de protección y exigibilidad en las jurisdicciones doméstica e internacional. Tampoco cabe desconocer los pasos que se han dado para precisar las obligaciones de los Estados en relación con los derechos humanos en general y con el derecho de acceso y al debido proceso en particular, entre ellas las obligaciones de respeto, negativas o de no interferencia y las obligaciones de protección frente a las vulneraciones de los deberes de realización y cumplimiento. La jurisprudencia de los tribunales internacionales y de los órganos de supervisión de los tratados ha ido concretando el perfil de aquellas obligaciones en relación con todos los derechos humanos, y no resulta posible ignorarla, entre otras razones porque hay disposiciones constitucionales que prevén la incorporación de los tratados internacionales al derecho interno[50]. A este respecto, en su primera recomendación el Defensor del Pueblo instó a las administraciones públicas a facilitar el acceso al suministro eléctrico a las personas residentes en los Sectores 5 y 6 de la Cañada Real Galiana, aun con carácter provisional.

---

50 P. CUENCA, "Sobre el valor jurídico y efectividad de los dictámenes de los órganos de los Tratados de derechos humanos de Naciones Unidad. Propuestas de implementación en el sistema", *Cuadernos Electrónicos de Filosofía del Derecho*, núm. 47, 2022, pp. 1-35, 18

Sin embargo, no justificó su exhortación apelando a los derechos humanos, sino a "razones humanitarias"[51].

Por otra parte, resulta sorprendente que Convención de los derechos de los niños fuera calificada por el tribunal como una norma programática[52], no solo porque este instrumento internacional –y sus tres protocolos– ha sido suscrito y ratificado por España y, por tanto, forma parte de nuestro ordenamiento jurídico y es directamente aplicable–, sino también porque las normas de la Convención –entre ellas, el principio del interés superior del niño (artículo 3.1), el principio del respeto a las opiniones del niño o de participación (artículo 12), el principio de no discriminación (artículo 2) y el principio del respeto a la vida, la supervivencia y el desarrollo (artículo 6)– han sido acogidas y desarrolladas por numerosos cuerpos legales de la legislación estatal y autonómica, entre ellas Ley Orgánica 1/1996, de 15 de enero, de Protección Jurídica del Menor y la Ley 4/2023, de 22 de marzo, de Derechos, Garantías y Protección Integral de la Infancia y a Adolescencia de la Comunidad de Madrid

En segundo lugar, el argumento del tribunal de acuerdo con el cual no puede imputarse inactividad a la administración cuando no existen obligaciones concretas exigibles a los entes públicos se apoya en otra razón. Los reclamantes alegaban también que las obligaciones de la administración (de las administraciones) derivan del Pacto Regional

---

51 DEFENSOR DEL PUEBLO "Adopción de medidas para asegurar el suministro eléctrico a los residentes de la Cañada Real Galiana", cit., Primera Recomendación.

52 J. CARDONA, La Convención sobre los Derechos del Niño: significado, alcance y nuevos retos", *Educatio Siglo XXI*, vol. 30, núm. 2, 2012, pp. 47-68.

para la Cañada[53], un acuerdo que, como he señalado arriba, contiene objetivos, principios generales y de organización, líneas de actuación en materia urbanística y de vivienda, previsiones en materia de integración social y compromisos legislativos, y que en su Anexo III hace una referencia explícita a los "Compromisos para la adopción de medidas provisionales para dignificar las condiciones de vida de los habitantes de la Cañada Real Galiana". Entre las medidas en materia de infraestructuras se incluye el restablecimiento del suministro eléctrico[54].

Sin embargo, el tribunal considera que el Pacto Regional para La Cañada no es vinculante, opinión que vierte en estos términos: "Con tal declaración de principios entiende la Sala que la naturaleza jurídica que le adorna no es, desde luego, la de una disposición general, ni la de un acto, contrato o convenio, que son las únicas figuras jurídicas de las que, conforme al artículo 29.1 de la Ley Jurisdiccional, podría derivarse una obligación de prestación por parte de la Comunidad de Madrid y cuyo incumplimiento podría ser objeto del control jurisdiccional de esta Sala por inactividad de la Administración". El

---

53 Información oficial de la Comunidad de Madrid sobre la Cañada Real Galiana. Disponible en: https://www.comunidad.madrid/servicios/urbanismo-medio-ambiente/pacto-regional-canada-real-galiana. Pacto Regional por la Cañada Real Galiana. Disponible en: https://www.comunidad.madrid/sites/default/files/pacto_regional_canada_real_version_web_ok_5.pdf

54 Pacto Regional cañada Real, Anexo III. Medidas en materia de Infraestructuras: "Adecuación de los viales, de conformidad con el proyecto previsto. Dicha obra conllevará la instalación de contenedores de basura y resaltes en el firme para impedir circular a velocidad excesiva. Rehabilitación del suministro de luz. Abastecimiento de agua. Limpieza de escombros. Establecimiento del servicio de Correos. Ampliación de líneas de la EMT".

contenido de este Pacto no difiere de otro tipo de convenios administrativos. Se diría, pues, que la determinación de la naturaleza jurídica de un acuerdo administrativo que establece medidas concretas a adoptar por distintas administraciones no depende de su contenido y características, sino de su *nomen iuris*. El tribunal no entra a valorar las medidas del Anexo III, aunque lo menciona, y no considera que aquellas medidas que en 2017 se calificaron como provisionales e inmediatas para dignificar las condiciones de vida del asentamiento, entre ellas el restablecimiento del suministro eléctrico, no ha dado lugar a ninguna actuación. La realidad evidencia que hasta hoy la medida cautelar instada en este proceso sigue siendo una medida claramente incumplida porque no se ha llevado a cabo ninguna actuación en ese sentido.

En tercer lugar, los demandantes solicitaron la aplicación de las normas relativas a los "consumidores vulnerables" con el fin de que el tribunal reconociera las obligaciones de los poderes públicos de proteger y garantizar los derechos de los niños. En este sentido, esgrimieron dos argumentos. Por un lado, que en el caso concurrían condiciones de vulnerabilidad, esto es, la pobreza y la fragilidad extrema. Por otro, que eran aplicables retroactivamente las medidas de protección a la vulnerabilidad aprobadas durante la pandemia de COVID-19 y contenidas en el Real Decreto-Ley 37/2020 de 22 de diciembre, de medidas urgentes para hacer frente a las situaciones de vulnerabilidad social y económica en el ámbito de la vivienda y en materia de transportes, medidas que protegen frente a los cortes del suministro de energía eléctrica. También alegaron la aplicabilidad de la Disposición Adicional Cuarta del Real Decreto-ley 37/2020, de 22 de diciembre, cuyo tenor literal es el siguiente: "Garantía de suministro de agua y energía a consumidores vulnerables. 1. Mientras esté vigente el actual estado de alarma no podrá suspenderse el suministro de energía eléctrica, gas natural y agua a aquellos consumidores en los que concurra la condición de consumidor vulnerable, vulnerable severo o en riesgo de exclusión social definidas en los artículos 3 y 4 del Real Decreto 897/2017, de 6 de octubre, por el que se regula la figura del consumidor vulnerable, el bono social y otras medidas de protección para los consumidores domésticos. También será de aplicación la prohibición de la suspensión de suministro descrita en el apartado 1 a aquellos consumidores que, no pudiendo acreditar la titularidad del contrato de suministro, cumplan con los requisitos que dan derecho al reconocimiento de la condición de consumidor vulnerable o vulnerable severo".

Con respecto al primer argumento, el tribunal declaró que no procedía la aplicación de las protecciones derivadas de la consideración de los niños y niñas como consumidores vulnerables porque, conforme a la normativa vigente del sector eléctrico, no acreditan su condición de consumidores, ya que no son titulares de un punto de suministro de electricidad. En efecto, los demandantes, al igual que todos los habitantes del sector 6, nunca han tenido contratos de energía, a pesar de haberlos solicitado reiteradamente.

En relación con la segunda alegación, el tribunal rechaza la posible aplicación de las medidas de protección a la vulnerabilidad aprobadas durante la pandemia de COVID-19 previstas en el citado Real Decreto-ley 37/2020, de 22 de diciembre. Considero que la interpretación teleológica de la norma justifica la aplicación retroactiva de las protecciones en ella previstas. Si bien el TSJM reconoce que a las personas que viven en el sector 6 les resulta imposible suscribir un contrato de suministro de energía eléctrica con la empresa distribuidora en la zona, UFD Distribución de Electricidad, S.A.U, del Grupo Empresarial Naturgy, sostiene "que tanto tal empresa distribuidora como las autoridades competentes han consentido desde la creación del asentamiento, hace 50 años, la conexión irregular de las viviendas de la zona a la red general. Y de hecho las autoridades en el año 2017 se comprometieron a restablecer el suministro de luz en la zona hasta que se concluya el plan de realojo contenido en el Plan de la Cañada". Cabría concluir que el principal fundamento de la decisión de este proceso remite a la imposibilidad de acreditar la titularidad de un contrato de energía para sustentar el *petitum*, un argumento que debe ponerse en relación con la consideración de las obligaciones de las autoridades y de la empresa Naturgy, aunque esta no estaba personada en el proceso.

4.2.3. Reclamación colectiva ante el Comité Europeo de Derechos Sociales

Resulta muy interesante el modo en que abordó el caso el Comité Europeo de Derechos Sociales del Consejo de Europa (CEDS), ante el que se presentó una reclamación colectiva por vulneración de derechos de la Carta Social Europea Revisada[55] y se solicitaron medidas inmediatas, medidas que el comité acordó el 27 de octubre de 2022. El comité recordó al gobierno español algo obvio, esto es, que tiene obligaciones concretas y precisas en relación con los derechos del tratado[56], y le exhortó a adoptar medidas inmediatas dirigidas a evitar un daño grave irreparable a las personas de la Cañada Real

---

55 Esta vía jurídica quedó abierta para España tras la firma y ratificación de la Carta Social revisada (Instrumento de Ratificación BOE 11 de junio de 2021), junto al Protocolo de Reclamaciones Colectivas (Instrumento de Ratificación del Protocolo BOE 2 de noviembre de 2022). C. SALCEDO, "La Carta Social Europea y el procedimiento de reclamaciones colectivas: un nuevo y excepcional escenario en el marco legislativo laboral", *Trabajo y derecho: nueva revista de actualidad y relaciones laborales*, núm. 91, 2022 (julio-agosto), 2022.

56 C. SALCEDO "La efectividad de la Carta Social Europea em la Cañada Real Galiana: análisis jurídico de las pioneras medidas inmediatas instadas al Gobierno español por el Comité Europeo de Derechos Sociales", *Lex Social*, vol. 13, núm. 1, 2023, pp. 1-19.

Galiana, entre ellas garantizar que todas ellas dispusieran de electricidad y calefacción –especialmente, las que encontraban en situación de vulnerabilidad– y comunicar estas medidas a todas las administraciones competentes.

La abogacía del estado se opuso a la adopción de estas medidas alegando, entre otras, las siguientes razones: (i) la coincidencia o identidad entre las medidas inmediatas y el fondo del asunto; teniendo en cuenta su gran efecto social y su complejidad, adujo, no pueden acordarse sin un estudio completo y detallado; (ii) según los informes aportados, el representante del Estado sostuvo que, desde un punto de vista técnico, era imposible suministrar energía eléctrica a las viviendas, dado que carecían de permisos legales o de una infraestructura adecuada; de hacerlo, la vida y la integridad física de los ocupantes se pondría en serio peligro, (iii) existían distintos pronunciamientos internos expresamente contrarios al restablecimiento de la electricidad; he analizado las decisiones internas y puedo afirmar que esta conclusión es inexacta; y (iv) el abogado del Estado reconoció que las distintas administraciones públicas españolas competentes se habían comprometido a implementar una serie de acciones sociales, sanitarias y educativas para mitigar el impacto de la falta de suministro eléctrico en esos sectores. A pesar de estos argumentos, el Comité Europeo de Derechos tomó la decisión de instar a las administraciones competentes a que adoptaran las medidas inmediatas porque consideró el peso y la prevalencia de dos argumentos[57]: en primer lugar, la existencia de indicios suficientes de que en la Cañada Real Galiana se estaba produciendo una violación de los derechos humanos que afectaba de forma significativa a colectivos especialmente vulnerables; en segundo término, la inacción de los poderes públicos, que no solo no habían

---

57 C. SALCEDO, "La efectividad...", cit, p. 17.

adoptado medidas contra los autores de esa vulneración de los derechos, sino que participaron activamente en ella. El comité no consideró inútil recordar que los Estados tienen obligaciones concretas en relación con cada uno de los derechos y no, simplemente, obligaciones genéricas e inexigibles.

5. REFLEXIONES FINALES

La vulnerabilidad energética extrema que sufren los habitantes del sector 6 de la Cañada Real Galiana y la violación de sus derechos humanos siguen siendo un desafío para el estado de derecho. Prácticamente todas las vías jurídicas iniciadas han sido cercenadas, excepción hecha de la reclamación presentada ante el Comité Europeo de Derechos Sociales del Consejo de Europa. El caso pone de manifiesto la inconsistencia de la distinción instrumental entre los derechos fundamentales y los derechos humanos, las dificultades para incorporar al ordenamiento jurídico español algunos principios y normas de derechos humanos, la negación de que la vulnerabilidad es una forma de violación de tales derechos y la divergencia entre la incorporación de los derechos humanos en el ordenamiento jurídico interno y la interpretación y aplicación que se lleva a cabo en las decisiones jurídicas y en las políticas públicas en las que aquellos han de ser tomados en consideración.

La categoría jurídica de vulnerabilidad puede ser una herramienta idónea para introducir cambios sustantivos y procesales en la protección de los derechos. El reconocimiento de la vulnerabilidad puede tener diferentes efectos jurídicos, entre ellos la identificación de una situación concreta de vulneración de derechos, la aplicación analógica de las normas más favorables en atención a esta situación, el abordaje de la asimetría procesal las partes, la modulación de la distribución de la carga de la prueba, la ampliación el ámbito de protección de ciertos derechos a través de la interpretación jurídica, la determinación de las obligaciones positivas del Estado y la flexibilización de los requisitos para presentar reclamaciones. Ninguno de estos aspectos ha formado parte del razonamiento de las resoluciones dictadas por los tribunales españoles. Previsiblemente, habrían sido tenidos en cuenta si las personas del sector 6 fueran consumidores[58]. Sin embargo, estas personas carecen de ese título. Se trata de un obstáculo que parece insalvable y que ninguna instancia involucrada cuestiona o toma en consideración, a pesar de que es la raíz del problema. En el ámbito del derecho del consumo se han introducido algunas reformas de orden procesal que sitúan a la persona vulnerable en el centro y que propician que la vulnerabilidad se erija en principio orientador de la creación, interpretación y aplicación de las normas procesales a fin de robustecer los cimientos éticos, la humanización y la dignificación del proceso[59].

En virtud de todo lo expuesto hasta aquí, resulta acreditada la situación de vulnerabilidad energética de los hijos de los recurrentes en este proceso y de todos los niños y niñas del sector 6 de la Cañada Real Galiana, así como las consecuencias de esa situación en derechos tan básicos como la alimentación, la salud y la educación. Las administraciones están obligadas a garantizar estos derechos a los niños y a remover los obstáculos para que su protección sea real y efectiva (art. 9.2 CE). Si des-

---

58 Como muestra A. J. LAFUENTE TORRALBA ("Las reformas del proceso civil…", cit., pp. 34-35), tomar en consideración la situación de vulnerabilidad de las personas en un proceso obliga a tratar de hacer frente a la asimetría de las partes. En el caso que nos ocupa, las personas que viven desde octubre de 2020 sin electricidad y la empresa energética Naturgy, así como la responsabilidad no asumida por parte de las administraciones públicas.

59 A. J. LAFUENTE TORRALBA, "Las reformas del proceso civil…", cit., p. 32

de la perspectiva de los derechos humanos reconstruimos la argumentación atendiendo al principio de proporcionalidad, tendríamos que concluir, con base en los parámetros de necesidad, idoneidad y ponderación, que en el conflicto entre los derechos de los niños y niñas a la salud, la educación y la alimentación y la falta de una base legal –esto es, de un contrato de energía– deben prevalecer los derechos. Por ello, resulta francamente difícil de entender que se atribuya mayor peso a la ausencia de un contrato de energía.

El desarrollo normativo, doctrinal y jurisprudencial en los ámbitos internacional y doméstico justifica una interpretación de acuerdo con la cual la aplicación concreta del derecho de acceso a la justicia y al debido proceso presupone la existencia de obligaciones positivas del Estado destinadas a remover aquellas barreras y obstáculos de orden jurídico, social, económico y cultural que dificultan o impiden el pleno ejercicio de los derechos humanos por parte de sus titulares, como ha recordado oportunamente el Comité Europeo de Derechos Sociales.

La vulnerabilità nel processo. Oltre il "paradigma della vittima"

MARIA GIULIA BERNARDINI
Università degli Studi di Ferrara

1. UNA PREMESSA (LUNGA, MA NECESSARIA)

La dimensione processuale è uno dei fulcri del fenomeno giuridico. Il diritto, infatti, è inseparabile dal processo, inteso come specifico "luogo" in cui le controversie sono risolte per il tramite di una decisione di carattere autoritativo, che presenta profili di correttezza tali da ingenerare fiducia in merito alla possibilità di «fare giustizia»[1], ossia di «separare il bene dal male»[2]. Accedendo al processo, le persone aspirano a vedere risolte – in un modo che sia "giusto", appunto – le controversie che le riguardano[3].

Lo spazio del processo è proceduralizzato, caratterizzato da tempi e riti predefiniti e rigidamente scanditi all'interno di un luogo fisico fortemente intriso di simbolismo. Il tribunale, nelle cui aule tradizionalmente si svolge il processo, non permette infatti unicamente il funzionamento del diritto e della giustizia,

---

1 M. TARUFFO, *La semplice verità. Il giudice e la costruzione dei fatti, togliere il corsivo, va in tondo,* Roma-Bari, 2009, p. 136.

2 A. GARAPON, *Del giudicare. Saggio sul rituale giudiziario,* Raffaello Cortina, Milano, 2007, p. 13.

3 Su quest'ultimo aspetto, A. LUCIEN, "Staging and the Imaginary Institution of the Judge", *International Journal for the Semiotics of Law,* 23, 2, 2010, pp. 185-206.

ma assolve anche a una molteplicità di funzioni ulteriori, tra le quali spicca quella diretta a ingenerare nelle persone la consapevolezza dell'autorità giudiziaria e la fiducia nella sua capacità di giudicare correttamente. Da ciò deriva l'importanza di garantire a ciascun individuo un accesso effettivo alla giustizia.

Di certo, nel corso del tempo la raffigurazione del fenomeno processuale è mutata, così come sono cambiati i luoghi del processo, che oggigiorno si presentano secondo forme decisamente più articolate rispetto a quelle assunte in passato. Le novità sembrano imputabili ad alcuni fattori che hanno progressivamente acquisito un'importanza crescente. Tra questi, figura senz'altro la proliferazione di modelli di giustizia "nuovi", ossia alternativi rispetto a quello che può essere definito come "tradizionale", di carattere autoritativo. La *restorative justice* costituisce probabilmente la principale espressione di questa recente tendenza, vocata alla negoziazione, alla privatizzazione, al (propugnato) riequilibrio dei poteri[4], in una prospettiva che si pone in aperto dialogo con forme di giustizia – e di processo – diverse da quella penale[5], la quale negli anni ha mantenu-

---

4 All'interno di una letteratura ormai molto ampia, sulla *restorative justice* cfr. in particolare F. REGGIO, *Giustizia dialogica. Luci e ombre della* restorative justice, Franco Angeli, Milano, 2010; T. GAVRIELIDES, V. ARTINOPOULOU, *Reconstructing the Restorative Justice Philosophy*, Ashgate Publishing, Furnham (UK), 2013. Rimarca gli elementi di discontinuità della giustizia riparativa rispetto al paradigma previgente, indagandone i nessi con lo Stato (costituzionale) di diritto, M.L. LAGALLA, "La giustizia riparativa tra lo stato di diritto ottocentesco e lo stato costituzionale di diritto", *Ordines*, 1, 2023, pp. 94-115.

5 A questo riguardo, viene in rilievo il fenomeno dell'ADR (*Alternative Dispute Resolution*), ossia serie di tecniche e procedimenti extragiudiziali di risoluzione delle controversie giuridiche – negoziati, arbitrati, mediazioni – relative a diritti disponibili, che si pongono appunto come alternative rispetto al processo. Per un approfondimento in

to una centralità indiscussa e, non di rado, è stata considerata preminente rispetto alle altre.

Oltre a richiedere che talvolta la funzione giudiziaria possa essere esercitata in luoghi diversi rispetto al tribunale, vale a dire all'interno di spazi considerati più rispondenti al carattere dialogico e partecipato delle relazioni intrattenute dagli attori, questo mutamento di prospettiva si riflette anche sul simbolismo architettonico dei palazzi di giustizia. Lo rivela, in particolare, la crescente attenzione al *restyling* degli edifici in cui si svolge l'attività del giudicare, sempre più diretto a garantire il riconoscimento di tutti gli individui che vi accedono e la personalizzazione degli spazi, nel rispetto della funzione sociale che è propria dei tribunali stessi[6]. Una diversa concezione della relazione tra individuo e potere pubblico impone, infatti, di *configurare* gli ambienti secondo modalità che non siano dirette a intimorire, discriminare o allontanare specifiche categorie di soggetti dalle udienze[7]. Richiede allora, per meglio dire, una vera e propria *riconfigurazione* degli spazi.

---

chiave giusfilosofica, F. REGGIO, *Concordare la norma. Gli strumenti consensuali di soluzione della controversia in ambito civile: una prospettiva filosofico-metodologica*, CLEUP, Padova, 2017.

6 Si pensi, per esempio, ai tentativi condotti nell'ambito della giustizia minorile, dove si cerca di rendere anche gli spazi "a misura" delle persone di minore età, in modo tale da evitare episodi di vittimizzazione secondaria. Sul tema, più ampiamente, P. BRANCO, "Riflessioni sull'architettura e gli edifici dei tribunali: il rapporto con l'accesso alla giustizia", in M.G. BERNARDINI, O. GIOLO (a cura di), *Abitare i diritti. Per una critica del rapporto tra giustizia e spazi urbani*, Pacini, Pisa, 2021, pp. 91-105, p. 101.

7 Cfr. L. MULCAHY, *Legal Architecture. Justice, Due Process and the Place of Law*, Routledge, London, 2011.

Infine, oltre al dislocamento e al ripensamento degli spazi del processo, si assiste oggi anche a una vera e propria smaterializzazione della sede processuale, favorita dall'applicazione delle nuove tecnologie al processo[8]. In relazione al processo telematico emergono questioni di indubbio rilievo, come quelle legate alla necessità di garantire l'effettiva accessibilità dei luoghi virtuali, alla conoscibilità e alla certezza del diritto, nonché alla tutela dei diritti fondamentali.

Anche da questa rapida disamina emerge in modo molto nitido il carattere *necessario* della relazione tra il processo e il diritto di accesso alla giustizia. Nonostante una certa dose di indeterminatezza ancora sembri caratterizzarne contenuto

---

[8] Il percorso verso la digitalizzazione caratterizza in primo luogo il processo civile, sempre più "telematico"; in relazione all'ordinamento italiano, interessato dalla recente c.d. "Riforma Cartabia", sembra trattarsi di un destino ormai ineluttabile. Ad ogni modo, nell'ambito delle odierne società digitali, la relazione tra diritto e tecnologie informatiche non si limita solo al profilo della "smaterializzazione" del processo: giuscibernetica, giustizia algoritmica e predittiva producono infatti un impatto rilevante sulla società, sulle persone e sui loro diritti, nonché sugli stessi istituti giuridici. Più in generale, è la stessa relazione tra diritto e tecnologie informatiche ad essere foriera di rilevanti "sfide" per il diritto, che la dottrina giuridica è chiamata a discutere. Nell'impossibilità di approfondire adeguatamente il tema in oggetto, mi limito a rimandare a TH. CASADEI, S. PIETROPAOLI (a cura di), *Diritto e tecnologie informatiche*, Wolters Kluvier, Milano, 2021; F. FAINI, S. PIETROPAOLI (a cura di), *Scienza giuridica e tecnologie informatiche. Temi e problemi*, nuova edizione, Giappichelli, Torino, 2021; M.G. LOSANO, *Scritti di informatica e diritto*, a cura di P. GAMBARINO E M. CAVINO, 2 voll., Mimesis, Milano, 2022. Sulla specifica relazione tra nuove tecnologie e accesso alla giustizia (ivi compresa la dimensione processuale), cfr. R. DE ASÍS ROIG, "Tecnología, acceso a la justicia y vulnerabilidad", in F.J. ANSUÁTEGUI ROIG, M.C. BARRANCO (editores), *Acceso a la justicia y vulnerabilidad*, Dykinson, Madrid, 2023, pp. 213-237.

e contorni[9], quest'ultimo può essere definito come il diritto di ottenere la protezione dei propri diritti nell'ambito di un ordinamento giuridico – sia esso nazionale, sovranazionale e internazionale – attraverso una tutela giurisdizionale o metodi alternativi di risoluzione delle controversie.

Anche in relazione al rilievo e alla configurazione del diritto di accesso alla giustizia sono ormai in molti ad essersi soffermati. Sussiste ampio consenso in merito al fatto che si tratti di un diritto fondamentale a carattere prestazionale – fattore, questo, che non implica affatto riconoscerlo nei termini di un diritto sociale[10] – la cui garanzia è requisito della presenza dello Stato di diritto. Il carattere fondamentale di tale diritto può essere

---

9 Ancora negli anni Ottanta, Austin Sarat parlava dell'accesso alla giustizia come di un simbolo retorico di indubitabile potere e attrattività, che tuttavia offre un ideale irrealizzabile – per l'Autore, finanche "donchiscottesco" – per le società liberali. Si tratta infatti di un termine normativamente vago, che può essere usato senza che ne siano spiegati gli assunti impliciti e l'impegno normativo. Cfr. A. SARAT, *Book Review of Access to Justice*, IV voll., M. Cappelletti general editor, Sijthoff and Noordhoff, Amsterdam, 1978. Più di recente, ha avuto luogo una sorta di "rinascita" degli studi sul tema, che hanno portato anche ad alcuni tentativi di definizione: cfr. R.L. SANDEFUR, "Access to What?", *Daedalus*, 148, 1, 2019, pp. 49–55. doi: https://doi.org/10.1162/daed_a_00534.

10 Affermare il carattere prestazionale di tale diritto non deve indurre ad ascriverlo al novero dei diritti sociali, stante l'insostenibilità della distinzione tra diritti civili e politici da un lato e sociali dall'altro, i primi intesi come diritti esclusivamente di autonomia, i secondi come diritti esclusivamente prestazionali. Per la confutazione di questa distinzione, cfr. F.J. ANSUÁTEGUI ROIG, *Rivendicando i diritti sociali,* Edizioni Scientifiche Italiane, Napoli, 2014. Con riferimento specifico al diritto di accesso alla giustizia, cfr. F.J. ANSUÁTEGUI ROIG, "El acceso a la justicia como elemento del Estado de derecho: modelos y evaluaciones", in F.J. ANSUÁTEGUI ROIG, M.C. BARRANCO (editores), op. cit., pp. 161-179, p. 165.

evinto anche a livello normativo. Nella sua forma più generale – ossia come diritto alla giustizia – esso è contemplato all'interno di numerose fonti multilivello di importanza apicale[11], che sovente vi correlano la previsione del diritto ad un "giusto processo", regolato da principi quali legalità, contraddittorio, parità tra le parti, imparzialità e terzietà del giudice, nonché contraddistinto dal requisito della c.d. "ragionevole durata".

È appunto all'interno di tale complessa trama che la garanzia del diritto di accesso alla giustizia rivela la propria relazione con lo Stato di diritto[12]. Se dal punto di vista pratico questa relazione presenta talvolta i caratteri della contingenza, dato che assai di frequente l'attenzione è posta su casi in cui il diritto in oggetto non è garantito in modo adeguato, da quello concettuale si configura, al contrario, come necessaria: la garanzia di un accesso effettivo alla giustizia appartiene all'esperienza democratica – e, in particolare, al costituzionalismo – in un modo che può considerarsi fondativo.

---

11 Per tutte, valga richiamare l'art. 8 della Dichiarazione universale dei diritti umani (DUDU) del 1948, rubricato "Diritto alla giustizia", ove si riconosce che ogni persona ha diritto a un'effettiva possibilità di ricorso a competenti tribunali contro atti che violino i diritti fondamentali che le sono riconosciuti dalla costituzione o dalla legge, nonché l'art. 47 della Carta dei diritti fondamentali dell'Unione europea, dove parimenti si riconosce il diritto a un ricorso effettivo e a un giudice imparziale. Il più specifico diritto *di accesso* alla giustizia è menzionato espressamente per la prima volta nella Convenzione Onu sui diritti delle persone con disabilità, all'art. 13; sul punto, cfr. E. FLYNN, *Disabled Justice? Access to Justice and the UN Convention on the Rights of Persons with Disabilities, Routledge,* London, 2015.

12 Su tali aspetti, e in particolare sul legame del "giusto processo" con lo Stato di diritto, cfr. B. PASTORE, *Decisioni, argomenti, controlli. Diritto positivo e filosofia del diritto,* Giappichelli, Torino, 2017.

Ebbene, proprio la necessità di considerare lo Stato di diritto in un senso non meramente formale, ma sostanziale, impone di prendere in considerazione anche la relazione tra accesso alla giustizia e vulnerabilità e, per il suo tramite, quella di carattere più specifico che intercorre tra quest'ultima e il processo. Si conferma così la centralità del concetto di vulnerabilità per la riflessione giuridica contemporanea. La vulnerabilità, invero, è uno degli «essentially contested concepts»[13] che più hanno attratto l'attenzione della dottrina negli ultimi anni. In particolare, i *vulnerability studies* – e, al loro interno, soprattutto quelli afferenti alla teoria femminista – hanno permesso di riscoprirne due accezioni, che accreditate tassonomie qualificano come vulnerabilità ontologica e relazionale[14]. Richiamando l'aspetto ontologico, si rimarca come la vulnerabilità sia riferibile a una condizione personale condivisa: tutti gli esseri umani sono vulnerabili, ossia esposti ad agenti esterni e al connesso rischio di essere vittime di un danno o alla cura altrui. Con la relazionalità ci si sofferma invece sulla situazione di vulnerabilità di taluni, che in ragione del complesso intreccio tra condizioni personali e posizionamento sociale – sovente riferibile all'ascrizione a un particolare gruppo sociale storicamente svantaggiato e discriminato – possono essere più esposti di altri all'azione esterna[15].

---

13 W.B. GALLIE, "Essentially Contested Concepts", *Proceedings of the Aristotelian Society,* 56, 1956, pp. 167-198.

14 C. MACKENZIE, W. ROGERS, S. DODDS (eds.), *Vulnerability. New Essays in Ethics and Feminist Philosophy,* Oxford University Press, New York, 2014.

15 Il medesimo risultato può essere raggiunto richiamandosi, come fa Judith Butler, alla *precariousness* (universale) e alla *precarity* (situazionale), a partire da J. BUTLER, *Precarious Life: The Powers of Mourning and Violence,* Verso, New York, 2004. Giovaiova osservare come, pur sviluppando riflessioni che sostanzialmente vanno nella medesima direzione, il dibattito americano, spagnolo e italiano sul tema fac-

Oltre che sul piano teorico, la vulnerabilità assume rilievo anche nell'ambito del diritto positivo. Numerosi atti giuridici, tanto di *hard* quanto di *soft law*, riconoscono la necessità di adottare particolari cautele in presenza di condizioni o situazioni di vulnerabilità, individuando per esempio accomodamenti procedurali diretti a garantire un effettivo accesso alla giustizia. Ciononostante, il complesso intreccio tra vulnerabilità come condizione e vulnerabilità come situazione continua a sollecitare gli ordinamenti giuridici, ponendo in questione la loro capacità di riconoscere tutti i soggetti e di tutelarne in modo adeguato i diritti, a partire da quello relativo all'accesso alla giustizia e, al processo.

Al riguardo, sembra che proprio i *vulnerability studies* abbiano introdotto elementi di novità rispetto al modo "classico" di considerare la vulnerabilità nella sfera processuale, sicché attualmente in tale ambito coesistono due diversi paradigmi: uno più risalente, "tradizionale", e uno che consegue alla «svolta della

---

ciano riferimento a semantiche della vulnerabilità differenti. Nel primo caso, si tende ad assumere la distinzione tra vulnerabilità ontologica e relazionale e ad applicare una tassonomia relativa alle "fonti" di vulnerabilità; nel secondo, il riferimento è alla distinzione tra condizione e situazione; nel terzo, la condizione di vulnerabilità è richiamata – a differenza di quanto accade nel contesto spagnolo – proprio per rimarcare il differenziale di potere tra gruppi e il diverso posizionamento sociale degli individui, che li espone a un maggior rischio di vedere violati i propri diritti. Consapevole di queste differenze in relazione all'"uso" della vulnerabilità, in questa sede ho scelto di non effettuare un impiego rigoroso delle distinzioni concettuali richiamate, in quanto considerare le relazioni tra vulnerabilità e processo porta a interrogarsi su entrambe le accezioni di vulnerabilità, che possono peraltro essere distinte con chiarezza solo sul piano analitico, mentre su quello empirico sono inestricabilmente legate.

vulnerabilità»[16]. Di seguito, intendo soffermarmi su una possibile lettura di questa compresenza, in modo tale da individuare i tasselli della trasformazione che è in atto. Nel riflettere sulla relazione – o, meglio, sulle molteplici relazioni – tra processo e vulnerabilità, dapprima ricostruirò le coordinate delle modalità attraverso le quali finora la vulnerabilità è riconosciuta nel processo. Successivamente, concentrerò la mia attenzione su quelle che mi sembra possano essere considerate due tra le *nuove frontiere dell'accesso alla giustizia*[17], emerse proprio grazie all'analisi critica svolta nell'ambito del *vulnerability turn*, dove la vulnerabilità rileva in modo peculiare. In tal modo, mi prefiggo di dimostrare che, per quanto sia da "maneggiare" con cura per le ragioni che saranno più chiare nel prosieguo, all'interno del processo la vulnerabilità svolge un ruolo rilevante, dischiudendo rilevanti questioni che, per essere comprese in modo adeguato, richiedono di essere ulteriormente discusse.

2. VULNERABILITÀ E PROCESSO: IL "PARADIGMA DELLA VITTIMA"

Alla luce di quanto osservato finora, appare evidente come la relazione tra vulnerabilità e processo non sia interna solo alla *vulnerability theory*, né del tutto successiva al *vulnerability turn*. La vulnerabilità – o, più precisamente, talune condizioni o situazioni specifiche ad essa rapportabili – "entra" infatti nel processo fin da tempi ben più risalenti,

---

16 L. BURGOURGUE-LARSEN, *La vulnérabilité saisie par les juges en Europe, Pedone-Lauriel* & Co., Paris, 2014.

17 Chiaramente, il riferimento implicito di questa espressione è il suggestivo titolo del noto volume di Martha Nussbaum: M.C. NUSSBAUM, *Le nuove frontiere della giustizia. Disabilità, nazionalità, appartenenza di specie,* il Mulino, Bologna, 2007.

seguendo molteplici percorsi[18]. Vero è, tuttavia, che la sua nominazione esplicita è abbastanza recente, ed è appunto successiva alla "svolta" ormai ampiamente richiamata.

Uno degli ambiti più interessati dalla tematizzazione della relazione tra vulnerabilità e processo è quello penale: a partire dagli anni Duemila, la "particolare vulnerabilità" *della vittima*[19] ha richiamato l'attenzione degli ordinamenti euro-unitari, tenuti ad attuare la direttiva 2012/29/UE[20]. Nell'ambito di

---

18 A titolo di esempio, si pensi al rito minorile, alle c.d. "misure di protezione" delle persone con disabilità (e, nell'ambito del diritto internazionale privato, a quelle relative all'adulto vulnerabile), o agli istituti diretti a rimediare a situazioni di vulnerabilità sociale, come il patrocinio a spese dello Stato, che consente alle persone meno abbienti di agire e difendersi di fronte alle autorità giudiziarie. Più in generale, nell'ambito del processo le persone qualificate come vulnerabili possono comparire quali persone offese, sottoposte a indagini preliminari, imputate, testimoni, etc. Su quest'ultimo punto, anche al fine di individuare strumenti di tutela diretti a "rispondere" alla vulnerabilità, cfr. G. BELLANTONI, *Soggetti vulnerabili e processo penale. Verso nuovi scenari, Giappichelli*, Torino, 2017.

19 Al riguardo, osserva Bouchard come l'imputato di un processo penale non sia mai esplicitamente considerato vulnerabile: cfr. M. BOUCHARD, "Sulla vulnerabilità nel processo penale. Breve guida giuridico-filosofica sulla vulnerabilità della vittima da reato", *Diritto penale e uomo*, 12, 2019, https://dirittopenaleuomo.org/contributi_dpu/sulla-vulnerabilita-nel-processo-penale/ (p. 3). Per una "definizione minima" del concetto di vittima, cfr. G. MONETI, "Appunti per una definizione minima del concetto di vittima", *Studi sulla questione criminale*, 15, 2, 2020, pp. 31-54.

20 La Direttiva 2012/29/UE del Parlamento europeo e del Consiglio istituisce norme minime in materia di diritti, assistenza e protezione delle vittime di reato. Essa sostituisce la decisione quadro 2001/220/GAI, in merito alla quale – sulla scorta della Strategia sui diritti delle vittime 2020-2025 – nel luglio del 2023 la Commissione europea ha avanzato una proposta di direttiva di emendamento, con lo scopo di

quest'ultima, la particolare vulnerabilità della vittima richiede la predisposizione di accomodamenti procedurali e di istituti diretti a garantire alla persona offesa una speciale protezione, come l'adozione di specifiche modalità attraverso le quali condurre l'incidente probatorio o l'audizione[21]. Si può pertanto affermare senza timore di smentita che, per il tramite della vulnerabilità, la vittima – in passato pressoché negletta nella compagine processuale e vero e proprio «elemento di imbarazzo»[22], dato che la giustizia penale era intesa principalmente come «una vicenda imperniata sulla partita a due tra Stato e reo»[23] finalizzata a proteggere l'ordine sociale – si sia emanci-

---

rafforzare la tutela delle vittime. Prima della Direttiva 2012/29/UE, la Decisione quadro del Consiglio del 15 marzo 2001 sulla posizione della vittima nel procedimento penale poneva particolare attenzione anche alla necessità di proteggere la vittima, in particolare ove più vulnerabile, dalle conseguenze della propria deposizione pubblica (art. 8) e richiedeva un'attenta formazione degli operatori a favore delle vittime più vulnerabili.

21 La direttiva in oggetto è espressione di una sensibilità sul punto che, nell'ambito dell'Unione europea, era emersa in precedenza. Già nel Programma di lavoro per il 2011, varato nel novembre 2010, la Commissione europea aveva menzionato la proposta di una direttiva sui diritti delle vittime di reati «per garantire un accesso sufficiente all'assistenza legale e alla giustizia e un'adeguata tutela dei cittadini in tutti gli Stati membri», sempre ponendo attenzione alla particolare vulnerabilità di talune vittime (art. 2).

22 L. CORNACCHIA, *La vittima nel diritto penale contemporaneo. Tra paternalismo e legittimazione del potere coercitivo*, Aracne, Roma, 2012, p. 34.

23 E. VENAFRO, *Ruolo e tutela della vittima in diritto penale*, Giappichelli, Torino, 2004, p. 12. Si tratta di un'impostazione che, pur risentendo delle inevitabili specificità legate ai singoli ordinamenti giuridici, sembra aver caratterizzato la cultura penalistica illuminista dell'Europa continentale. Per quanto riguarda l'ordinamento italiano, quella che appare una vera e propria "neutralizzazione" della vittima e dei suoi interessi viene rapportata all'esigenza di pubbliciz-

pata, fino ad assurgere a protagonista del processo[24]. Un esito, questo, che può essere considerato espressione del tentativo di trovare un punto di equilibrio tra la tutela della libertà individuale e la foucaultiana difesa della società[25].

Orbene, l'acquisizione di una sempre maggiore visibilità dovrebbe produrre effetti positivi in ordine al riconoscimento della soggettività della vittima e dei suoi diritti. Se tale esito non può dirsi escluso, tuttavia in merito a questa rinnovata centralità è possibile svolgere anche alcune considerazioni critiche, che chiaramente non muovono nella direzione di un auspicato "ritorno all'oblio", ma si appuntano sul contesto al cui interno tale visibilità si inserisce. Ormai da tempo si registra, invero, una certa convergenza in relazione al fatto che, oltre a essere una conseguenza del progressivo rilievo dei diritti umani, l'odierno protagonismo della vittima costituisca anche una parte qualificante di una più ampia strategia di controllo sociale e di mantenimento delle gerarchie ivi presenti.

Secondo questa lettura, il riconoscimento della soggettività della vittima e delle sue istanze trascenderebbe il soggetto

---

zare il diritto e la procedura penale, avvertita nell'ambito della c.d. "scuola classica", in seguito superata dalla "scuola positiva". Tuttavia, anche quest'ultima presenta dei limiti rilevanti. Pur riconoscendo l'importanza della vittima – ma sempre senza nominarla – essa mantiene inalterata la cornice di riferimento, ossia quell'impianto penale repressivo di tipo deterministico, incentrato sulla difesa sociale, che ha ostacolato per molto tempo proprio l'emersione delle esigenze delle vittime di reato. Più nel dettaglio, cfr. I. BOIANO, *Femminismo e processo penale*, Ediesse, Roma, 2015, pp. 274 ss.

24 M. VENTUROLI, *La vittima nel sistema penale. Dall'oblio al protagonismo?*, Jovene, Napoli, 2015. Si tratta, tuttavia, di un soggetto che non è davvero "parte" processuale.

25 F. MANTOVANI, *Diritto penale. Parte generale*, Cedam, Padova, 2005, p. 240.

e, piuttosto, sarebbe strumentale alla riaffermazione del potere statale; dunque, l'apparente riconoscimento celerebbe uno sfruttamento egemonico di coloro che, di volta in volta, sono qualificati come vittime[26]. A riprova di questa tesi, si richiama uno degli effetti più rilevanti dell'odierno protagonismo della vittima, ossia l'affermazione di una politica pan-penalista di carattere securitario, la quale eleva proprio il paradigma vittimario[27] a strumento di governo della società e, appellandosi alle esigenze di protezione delle vittime, diffonde campagne politiche dirette ad alimentare la paura.

All'interno di questa cornice, l'attenzione alla particolare vulnerabilità di coloro che appartengono ad alcuni gruppi sociali – definiti appunto come "vulnerabili"[28] – assume rilievo secondo due percorsi che, seppur in apparenza divergenti, letti congiuntamente permettono di apprezzare la centralità della categoria in oggetto per le forme contemporanee di governamentalità[29]. Da un lato, si criminalizza chi sia vulnerabile,

---

26 L. CORNACCHIA, op. cit., p. 37 ss.; T. PITCH, *Il malinteso della vittima. Una lettura femminista della cultura punitiva*, Edizioni Gruppo Abele, Torino, 2022.

27 Sul paradigma vittimario, lungo percorsi differenti, A. GARAPON, D. SALAS, *La repubblica penale*, liberilibri, Macerata, 1997; Z. BAUMAN, *Modernità e Olocausto*, Il Mulino, Bologna, 2010; D.T. MEYERS, "Two Victim Paradigms and the Problem of 'Impure' Victims", *Humanity*, 2, 2, 2011, pp. 255-275. L'espressione è ormai ampiamente utilizzata in letteratura; per ulteriori riferimenti, nel contesto italiano cfr. anche T. PITCH, A. PUGIOTTO, "L'odierno protagonismo della vittima. Un dialogo tra Tamar Pitch e Andrea Pugiotto", *Studi sulla questione criminale*, XIV, 3, 2019, pp. 111-122.

28 Su tale concetto, cfr. F. MACIOCE, *La vulnerabilità di gruppo. Funzione e limiti di un concetto controverso*, Giappichelli, Torino, 2021.

29 L. BAZZICALUPO, "Governamentalità: una ri-definizione operativa della razionalità politica", *Parolechiave*, 2, 2016, pp. 89-102.

così giustificando la presenza di azioni statali più coercitive[30]. Dall'altro, la sensibilità verso la particolare vulnerabilità di alcuni gruppi sociali, a cui consegue la richiesta di una loro maggiore tutela, è sovente rimessa alla collettività allarmata, la quale finisce così per appagare il proprio bisogno di sicurezza con nuovi reati e pene esemplari. Di norma, infatti, le politiche securitarie sono costruite sulle c.d. "vittime vulnerabili", mentre quelle che tali non solo finiscono per restare nell'ombra[31]. Lungo entrambi i percorsi, allora, il riferimento alla vulnerabilità permette di operare una selezione tra le istanze delle vittime, più o meno meritevoli in quanto più o meno vulnerabili.

In linea di continuità con quanto appena osservato, l'esaltazione della vittima – o, piuttosto, le modalità con le quali essa è condotta – oggigiorno sembra assumere rilievo laddove può essere considerata parte del progetto neoliberale di edificazione di una società di diritto privato. Anche questa "deriva" è ormai stata ampiamente messa in luce, sicché ai fini che qui interessano è sufficiente richiamarne gli aspetti salienti. Si tratta di una società che implica «l'imposizione di un preciso modello

---

30 Si tratta di una strategia adottata in prevalenza per "punire" la povertà. Per tutti, E. MACDOWELL, "Vulnerability, Access to Justice, and the Fragmented State", *Michigan Journal of Race and Law*, 23, 1-2, 2018, pp. 51-104; L. WACQUANT, *Iperincarcerazione. Neoliberismo e criminalizzazione della povertà negli Stati Uniti*, Ombre Corte, Verona, 2013. Nel contesto italiano, R. SELMINI, S. CROCITTI, "La povertà tra messa al bando e criminalizzazione. Riflessioni sulle nuove politiche di sicurezza e le persone senza fissa dimora", in T.F. GIUPPONI, A. ARCURI, *Sicurezza integrata e welfare di comunità*, Bologna University Press, Bologna, 2022, pp. 97-114. Mi sembra tuttavia che, almeno per i tempi più risalenti, il discorso possa essere esteso anche ad altre figure della vulnerabilità.

31 Si pensi alle grandi vittime collettive, tra le quali figurano quelle dei reati economici e ambientali, o nell'ambito del lavoro (M. BOUCHARD, op. cit., p. 9).

di soggetto, di istituzioni, di diritto e di politica, coerente con le (e informato alle) retoriche neoliberali del merito, dell'imprenditorialità, della concorrenza, dei costi»[32]. Al suo interno, la vittima è presente quale soggetto spoliticizzato, che afferma la propria soggettività nello spazio privato e non mira in alcun modo a mettere in discussione l'ordine costituito, ma effettua richieste di risarcimento, così accondiscendendo – in modo più o meno consapevole – alla transizione verso forme di giustizia di tipo retributivo, dunque alla riparazione del torto subito, che caratterizza appunto lo scenario neoliberale[33].

Nella prospettiva di chi critica l'avvento del neoliberalismo, la transizione in oggetto desta notevoli perplessità, per almeno due ordini di ragioni. In primo luogo, la privatizzazione della giustizia può avallare e contribuire a legittimare antiche forme vendetta che si credevano ormai arginate[34], fino a giustificare la compressione – e finanche la violazione – dei diritti fondamentali[35]. Inoltre, la risoluzione dei conflitti attraverso il ricorso a istituti di carat-

---

32 O. GIOLO, "Le trasformazioni della giustizia nello spazio neoliberale. Fuga dall'alterità, dai diritti, dall'eguaglianza", *Ordines*, 1, 2022, pp. 651-662, p. 653.

33 Cfr. A. FACCHI, O. GIOLO, *Libera scelta e libera condizione. Un punto di vista femminista su libertà e diritto*, il Mulino, Bologna, 2020, in particolare pp. 42-46 e 97-99. Sulla problematica associazione tra il concetto di vulnerabilità e quello di vittima, cfr. anche O. GIOLO, *Il diritto neoliberale*, Jovene, Napoli, 2020.

34 A. GARAPON, *Lo stato minimo. Il neoliberalismo e la giustizia*, Raffaello Cortina Editore, Milano, p. 90.

35 Emblematico, in questo senso, il caso della pena di morte, che negli USA si è emancipata dalla sua natura di vendetta privata per mano pubblica per assolvere a uno scopo terapeutico. Si tratta, infatti, di un servizio che lo Stato offre alle vittime, diretto a ripristinare il benessere collettivo e a fornire una sorta di "chiusura psicologica" alle vittime traumatizzate (D. GARLAND, *La pena di morte in America. Un'anomalia nell'era dell'abolizionismo*, il Saggiatore, Milano, 2013).

tere privatistico, notoriamente più snelli e meno proceduralizzati rispetto all'iter processuale, sembra postulare una simmetria di posizioni tra vittima e autore di reato che nella pratica difficilmente trova riscontro, e come tale può considerarsi illusoria.

Anche a questo riguardo, si configura un problema di accesso alla giustizia, ove la vulnerabilità della vittima assume rilievo anche se non è espressamente nominata. La vulnerabilità incide infatti sulla possibilità concreta dell'individuo di ricorrere a una tutela legale che, nell'ambito della giustizia neoliberale, per asserite ragioni deflattive è apprestata sempre più di frequente *al di fuori* delle aule giudiziarie e rimessa all'autonomia (in primo luogo finanziaria) dei privati[36].

In tale scenario, il diniego di accesso alla giustizia non si estrinseca allora solo nella difficoltà di trovare un tribunale competente davanti al quale manifestare le proprie doglianze[37]. Già prima, infatti, la privatizzazione produce sovente l'effetto di "derubricare" le istanze di questi individui, facendole apparire (e, soprattutto, percepire dalla collettività e dagli stessi soggetti interessati) come problemi rilevanti sul piano sociale, ma tendenzialmente non su quello giuridico.

Alla luce di quanto osservato, si comprende la diffusa diffidenza nei confronti della vulnerabilità, soprattutto qualora sia riferita alla vittima e a coloro che fanno parte dei c.d. "gruppi vulnerabili". Nonostante dal punto di vista operativo tale concetto permetta di fare emergere la specificità di determinate condizioni esistenziali, al contempo è in grado di dare luogo a ulteriori discriminazioni ed esclusioni, rivelandosi facilmente strumentalizzabile. andare a capo Eppure, senza disconoscere il rilievo e la fondatezza del-

36 O. GIOLO, "Le trasformazioni della giustizia nello spazio neoliberale", cit., pp. 656-657.

37 Una difficoltà acuita, ad esempio, nel caso delle persone migranti.

le critiche in oggetto, sono convinta che il riferimento alla vulnerabilità possa comunque incidere positivamente in relazione alla tutela dei diritti. La "nuova semantica"[38] del *vulnerability turn* permette infatti una più compiuta emersione di rilevanti questioni relative al riconoscimento dei soggetti e delle loro specificità nell'accesso alla giustizia – anche nella sua dimensione processuale – e e impone la riformulazione alla riformulazione di alcune categorie giuridiche, di particolare rilievo in ambito processuale. Di seguito, mi soffermerò brevemente su entrambi i profili, affrontando due questioni di particolare rilievo.

3. VULNERABILITÀ A PROCESSO: ALCUNE AMBIVALENZE

L'oralità costituisce, come è noto, uno dei principi ispiratori del processo. Nonostante possa subire contemperamenti e scontare nella pratica una certa dose di ineffettività, la cultura dell'oralità permette di rendere il processo un luogo ove, in un clima di fiducia e collaborazione, si esplica quel dialogo tra l'organo giudicante e i vari attori processuali che è finalizzato all'accertamento della verità (processuale)[39]. Laddove consente una soluzione del caso più rapida e sollecita, essa si pone come principio servente alla ragionevole durata del processo.

---

38 Sul tema, cfr. O. GIOLO, B. PASTORE (a cura di), *Vulnerabilità: analisi multidisciplinare di un concetto*, Carocci, Roma, 2018.

39 Sulla questione, da tempo oggetto di attenzione nella dottrina giusfilosofica, cfr. B. PASTORE, "Verità e 'giusto processo'", in *Annali Dell'Università di Ferrara*. Nuova serie. Sezione 5: Scienze Giuridiche, 19, 2005, p. 29-33, nonché ID., *Interpreti e fonti nell'esperienza giuridica contemporanea*, Cedam, Padova, 2014.

Proprio il significativo rilievo dell'oralità ha indotto a prendere in considerazione anche la vulnerabilità dei soggetti, attraverso la previsione di norme procedurali e di istituti che, in pressoché ogni ordinamento, sono diretti a consentire che anche coloro che si trovano in una condizione o in una situazione di vulnerabilità partecipino al processo in modo effettivo e consapevole, senza che ne derivi loro un pregiudizio. Modalità protette di audizione, incidenti probatori, assistenza da parte di interpreti qualificati sono solo alcune delle modalità attraverso le quali la vulnerabilità "entra" nel processo e trova riconoscimento. Ad essi si accompagnano anche gli "accomodamenti procedurali" [40], come la presenza di facilitatori, mediatori o supporti comunicativi (compresi quelli tattili), o l'attenzione alle modalità con le quali sono formulate le domande (ad esempio, in presenza di particolari disabilità si può rendere necessario, per una effettiva comprensione della domanda, evitare il ricorso a periodi ipotetici)[41]. Si tratta, più in generale, di modifiche ai tempi, agli spazi e alle modalità rituali del processo, dirette a garantire alla persona - riconosciuta nella sua specificità - il diritto di accesso alla giustizia.

---

40 Gli accomodamenti procedurali si differenziano dal c.d. "accomodamento ragionevole", specificamente dettato in riferimento alle persone con disabilità, che la Convenzione Onu sui diritti delle persone con disabilità estende a un ambito ben più vasto della sola sfera lavorativa, in relazione alla quale il principio era stato elaborato in origine. Mentre la modifica che si rende necessaria con l'accomodamento ragionevole non deve imporre un onere sproporzionato o eccessivo, in relazione agli accomodamenti procedurali tale requisito è assente. Sul punto, cfr. E. FLYNN et al., *Access to Justice of Persons with Disabilities. Final Report*, Galway, 2019.

41 Più ampiamente, in relazione alle persone con disabilità, cfr. *United Nations, International Principles and Guidelines on Access to Justice for Persons with Disabilities*, Geneva, 2020.

Eppure, sembra che all'interno del processo oggigiorno la vulnerabilità giochi ancora perlopiù "contro" i soggetti qualificati come vulnerabili. Oltre ad essere operativa all'interno del paradigma vittimario secondo le modalità già ricordate, la relazione tra vulnerabilità e processo è apprezzabile, infatti, anche in relazione al profilo della narrazione, che assume rilievo soprattutto nell'ambito dell'interrogatorio, della *cross examination* o della testimonianza, dunque ai fini della formazione della prova dichiarativa[42]. In quest'ambito, la presenza della vulnerabilità delinea sovente un regime diversificato di credibilità dei soggetti e, di conseguenza, di attendibilità delle dichiarazioni rese, che produce appunto conseguenze dannose per chi sia qualificato come "vulnerabile".

Le persone migranti, le donne – specialmente quelle vittime di violenze –, le persone con disabilità (in particolar modo intellettive) o quelle anziane (soprattutto se interessate da decadimento cognitivo) sono tra i soggetti le cui deposizioni, nell'ambito del processo, sono *strutturalmente* messe in dubbio[43]. Coloro che appartengono ai "gruppi vulnerabili" scontano infatti un deficit di credibilità[44] che all'atto pratico si traduce in una presunzione di non credibilità e richiede, sia pure non formalmente, un onere aggiuntivo in relazione alla coerenza e alla tenuta delle

---

[42] Quest'ultima non è chiaramente l'unico tipo di prova che entra nel processo. Per la complessità dell'argomento, in questa sede non mi è possibile effettuare considerazioni ulteriori in merito all'operazione probatoria in ambito giuridico. Rimando a G. TUZET, *Filosofia della prova giuridica,* Giappichelli, Torino, 2022 e ID., *La prova ragionata,* Giuffrè, Milano, 2023.

[43] L'elenco delineato è aperto, sia in relazione ad altre "figure" della vulnerabilità, sia in rapporto alle condizioni intersezionali.

[44] L. CODE, "Incredulity, Experimentalism, and the Politics of Knowledge", in ID., *Rhetorical Spaces, Essays on Gendered Locations,* Routledge, New York, 1985, p. 58.

dichiarazioni rese. Poiché tali condizioni difficilmente possono essere soddisfatte, l'attendibilità del dichiarante ne risulta minata, con evidenti ripercussioni tanto sul piano soggettivo (in termini di mancato riconoscimento, di umiliazione e finanche di tutela dei diritti individuali) quanto su quello processuale (per le conseguenze che si producono in relazione alla costruzione del fatto e alla valutazione della prova)[45].

In questi casi – che, vale la pena ricordare, si verificano di norma in riferimento a coloro che vengono ascritti a un particolare "gruppo vulnerabile" – si ricade nell'ambito dell'ingiustizia epistemica, che ha luogo quando un soggetto afferma qualcosa ma, a causa di un pregiudizio identitario, l'interlocutore (o l'uditorio) non ne riconosce la credibilità e la capacità di portare o produrre conoscenza, così violandone la dignità[46]. Si tratta, insomma, di un torto cagionato a qualcuno nella sua capacità di conoscitore[47]. Al riguardo, un ruolo fondamentale

---

45 Sulla relazione tra costruzione del fatto e narrazione, cfr. F. DI DONATO, *La costruzione giudiziaria del fatto. Il ruolo della narrazione nel "processo"*, FrancoAngeli, Milano, 2008.

46 In riferimento alla c.d. "ingiustizia epistemica", è d'obbligo il riferimento a M. FRICKER, *Epistemic Injustice: Power and the Ethics of Knowing*, Oxford University Press, Oxford 2007. La prospettiva di Fricker è stata oggetto di numerose critiche, che hanno portato la filosofa a riformulare parzialmente la sua proposta originaria e, in particolare, la distinzione tra ingiustizia testimoniale e ingiustizia ermeneutica. Poiché l'obiettivo di questo lavoro non è una discussione (critica) della c.d. "ingiustizia epistemica", ma quello – assai più modesto – di dare conto di come quest'ultima sia uno degli ambiti in cui il legame tra sfera processuale e vulnerabilità dispiega alcuni tra i suoi effetti più rilevanti, ho scelto di attenermi alla formulazione originaria di Fricker. Per ulteriori approfondimenti, si veda J. KIDD, J. MEDINA, G. POHIHAUS JR. (eds.), *The Routledge Handbook of Epistemic Injustice*, Routledge, New York, 2019.

47 M. FRICKER, op. cit., p. 1.

è giocato dagli stereotipi, che nei confronti di chi si trovi in una condizione o in una situazione di vulnerabilità sono idonei a produrre rilevanti effetti non solo nella sfera sociale, ma anche in quella giuridica e, segnatamente, sul piano processuale.

È noto come esistano molteplici prospettive e varie definizioni in relazione alla nozione di stereotipo, al suo rilievo (descrittivo o normativo), ad un suo uso in termini "neutri", al suo rapporto con le generalizzazioni e con le c.d. "massime di esperienza", e finanche alla possibilità di poterne prescindere nel procedimento cognitivo[48]. Ai fini che interessano in questa sede, non è necessario addentrarsi in un dibattito ormai molto complesso e in costante evoluzione, che attinge proprio alle aule dei tribunali – e, in particolar modo, alle motivazioni delle sentenze – per verificare come gli stereotipi influenzino il ragionamento giudiziale e la dinamica processuale, soprattutto nella formazione della prova dichiarativa. Sia sufficiente ricordare che gli effetti distorsivi prodotti dagli stereotipi nelle argomentazioni delle parti processuali e nella motivazione delle sentenze emesse dagli organi giudicanti sono ormai ampiamente oggetto di scrutinio[49].

---

48 Sul tema, cfr. F.J. ARENA, *Los estereotipos detrás de las normas*, Toledo, Cordoba (AR), 2022; E. GHIDONI, D. MORONDO TARAMUNDI, "El papel de los estereotipos en las formas de la desigualdad compleja: algunos apuntes desde la teoría feminista del derecho antidiscriminatorio", *Discusiones*, 28, 1, 2022, https://doi.org/10.52292/j.dsc.2022.2325 [accesso 27 gennaio 2024]; A. DE GIULI, "Los sesgos en el conocimiento judicial. Para un control del sentido común y de la pseudo-ciencia", *Anales de la Cátedra Francisco Suárez*, 58, 2024 (in corso di pubblicazione).

49 Su questo profilo, già F. SCHAUER, *Profiles, Probabilities and Stereotypes*, Harvard University Press, Cambridge (MA), 2003. Tuttavia, il tema ha guadagnato rilievo soprattutto nell'ambito dell'epistemologia femminista e del femminismo giuridico; al riguardo non può mancare il riferimento a R. HUNTER, C. MCGLYNN, E. RACKLEY (eds.), *Feminist Judgements. From Theory to Practice*, Hart, Oxford, 2010. Tra i contributi più recenti sul tema, ricordo L. CORSO, "Epi-

Le analisi condotte finora hanno permesso di verificare come, nell'ambito del processo, la tutela dei diritti delle persone che si trovano in una condizione o in una situazione di vulnerabilità possa rivelarsi assai precaria, tanto da rendere possibile un'ulteriore vittimizzazione di chi già abbia subìto la violazione dei propri diritti. È il fenomeno della c.d. "vittimizzazione secondaria", che alla luce di quanto osservato finora sembra costituire un altro punto di intersezione tra la nozione di vittima e quella di vulnerabilità[50].

In questa sede, mi preme richiamare l'attenzione su un punto qualificante del dibattito, ossia sul "danno epistemico" prodotto dagli stereotipi. Secondo Miranda Fricker,

---

stemic Injustice, Judiciary Reasoning and Stereotypes: From Narrow, to Broad, to Broader", *Milan Law Review*, 4, 2, 2023, pp. 99-113; A. FARANO, "Discussing Epistemic Injustice: Expertise at Trial and Feminist Science", *Milan Law Review*, 4, 2, 2023, pp. 137-150; M.G. BERNARDINI, O GIOLO (a cura di), Giudizio e pregiudizio. Gli stereotipi di genere nel diritto, Giappichelli, Torino, 2024..

50 Anche se non è necessariamente connessa agli sviluppi del procedimento penale, la vittimizzazione secondaria è entrata nel patrimonio degli operatori del diritto con la Direttiva europea 2012/29/UE. Gli studi più recenti in tema di vittimizzazione secondaria hanno ad oggetto soprattutto i processi relativi alla violenza maschile contro le donne. In tale ambito, l'ordinamento italiano si contraddistingue peraltro in negativo: nel noto caso *J.L. c. Italia*, del 27 maggio 2021, la Corte Europea dei diritti umani ha infatti condannato l'Italia. Nonostante il quadro normativo interno sia sostanzialmente soddisfacente per quanto riguarda la tutela delle vittime di violenza, la Corte ha ritenuto non adeguata la condotta dell'organo giudicante. Nel corso del processo, infatti, i giudici italiani non si sono limitati a esprimere e a motivare il proprio giudizio di non credibilità della persona che si era dichiarata offesa, ma richiamandone particolari privati della biografia ne hanno formulato una pubblica condanna morale, "dando voce" ai pregiudizi sul ruolo della donna che sono diffusi nella società italiana.

> There is of course a purely epistemic harm done when prejudicial stereotypes distort credibility judgements: knowledge that would be passed on to a hearer is not received. This is an epistemic disadvantage to the individual hearer, and a moment of dysfunction in the overall epistemic practice or system. That testimonial injustice damages the epistemic system is directly relevant to social epistemologies [...] for prejudice presents an obstacle to truth, either directly by causing the hearer to miss out on a particular truth, or indirectly by creating blockages in the circulation of critical ideas.[51]

Nel passo riportato, Fricker si riferisce alla c.d. "ingiustizia testimoniale", ossia a quella forma di ingiustizia epistemica che ha luogo in presenza di due condizioni: alle parole di una persona viene accordata poca credibilità a causa di un pregiudizio dell'ascoltatore, e si è in presenza di un'asimmetria di potere, ove chi parla è in una condizione strutturale di svantaggio, o – mutuando il lessico del *vulnerability turn* – in una situazione di vulnerabilità[52].

È questo, appunto, il caso di chi prenda parte al processo, renda le proprie dichiarazioni e non venga creduto unicamen-

---

51 M. FRICKER, op. cit., p. 43.

52 Per contro, la c.d. "ingiustizia ermeneutica" si verifica quando un gap nelle risorse interpretative collettive mette ingiustamente qualcuno in una posizione di svantaggio nella comprensione delle proprie esperienze sociali. La persona non riesce a descrivere la propria esperienza, perché il concetto che sarebbe necessario a tal fine non esiste all'interno della comunità al cui interno essa si trova. Si rende necessario, insomma, introdurre un nuovo concetto per consentire una corretta interpretazione dell'esperienza. Tra gli esempi possibili, sembrano rientrare nell'ambito di questa tipologia di ingiustizia le molestie sessuali sul luogo di lavoro, che negli USA divennero reato solo a seguito della battaglia dalla giurista Catharine Mackinnon, condotta peraltro proprio nelle aule dei tribunali. Cfr. C. MACKINNON, *Le donne sono umane?*, Laterza, Roma-Bari, 2012.

te per il discredito derivante dal fatto di essere ascritto a un "gruppo vulnerabile". In tale ipotesi, non si verifica "semplicemente" una discriminazione a danno di quel singolo individuo, ma si è in presenza di una vera e propria ingiustizia, che può appunto essere qualificata come "testimoniale". Quest'ultima configura dunque un'ulteriore barriera all'effettivo accesso dell'individuo al processo e, per il suo tramite, alla giustizia[53].

Gli effetti di tale ingiustizia si dispiegano chiaramente anche sul piano processuale. A tal proposito, ho già ricordato come, nell'ambito del processo, la verità sia accertata sulla base della (ri)costruzione dei fatti, che nel caso della prova dichiarativa sono rimessi alle prospettazioni delle parti, ossia alle loro narrazioni. Ebbene, se un soggetto non è considerato credibile unicamente per il fatto di appartenere a un "gruppo vulnerabile" e per la presenza di stereotipi associati alla sua identità sociale, allora è assai probabile che la verità processuale finisca per essere accertata sulla base di una costruzione distorta dei fatti. Se questo è vero, allora l'ingiustizia testimoniale si riverbera sulla correttezza della decisione e del processo stesso, con un evidente danno non solo per la persona che non sia creduta, ma anche per l'ordinamento nel suo complesso.

---

53 Quest'ultimo può peraltro essere precluso ancor prima, quando è all'opera l'ingiustizia ermeneutica. In tali ipotesi, l'individuo percepisce determinati comportamenti come umilianti o potenzialmente lesivi della propria persona (ad esempio perché attentano alla sua integrità fisica o psicologica), ma non esiste (ancora) una fattispecie di reato che li sanzioni, né all'interno della comunità di riferimento è diffusa la consapevolezza del carattere "dannoso" o lesivo di quel comportamento. In presenza di tali circostanze, difficilmente giungerà ad adire il tribunale per avanzare una pretesa che, allo stato dei fatti, appare giuridicamente ingiustificata, e dunque inammissibile. Mi sembra che l'avvento delle nuove tecnologie possa indurre a un aumento considerevole proprio dei casi di ingiustizia ermeneutica.

4. LA RESPONSABILITÀ È TERAPEUTICA?

Il *vulnerability turn* sta producendo effetti di rilievo anche per quanto attiene alla relazione tra vulnerabilità e responsabilità, con interessanti ricadute di ordine processuale. Con la "svolta" ampiamente ricordata, non solo si ritiene che le istituzioni debbano essere *responsive*[54] nei confronti delle persone vulnerabili, ma anche che queste ultime vadano riconosciute quali soggetti – in linea di principio – pienamente responsabili delle proprie azioni. Si tratta di una prospettiva che, con tutta evidenza, mal si concilia con l'approccio tradizionale, dove la responsabilità morale implica, di norma, la libertà del volere, l'autonomia e l'autodeterminazione[55]; non a caso, finora tali concetti sono stati ritenuti compatibili con la vulnerabilità e la dipendenza pressoché unicamente nell'ambito delle teorie critiche[56].

Le cose non sembrano differire di molto se dal piano morale si transita a quello giuridico. Anche in quest'ambito, infatti, la vulnerabilità continua a intrattenere relazioni problematiche con l'autonomia e l'autodeterminazione, nonché con la responsabilità. Per un verso, l'esercizio della scelta sembra ostativo al riconoscimento giuridico della condizione di vul-

---

54 Da ultimo, M.A. FINEMAN, L. SPITZ (eds.), *Law, Vulnerability and the Responsive State,* Routledge, New York, 2024; nel contesto italiano, L. CORSO, G. TALAMO (a cura di), *Vulnerabilità di fronte alle istituzioni e vulnerabilità delle istituzioni,* Giappichelli, Torino, 2019.

55 Sul tema, C. BAGNOLI, *Teoria della responsabilità,* Il Mulino, Bologna, 2019.

56 Il riferimento è alla teoria femminista, nell'ambito della quale è stata elaborata la nozione di autonomia relazionale, e ai *Disability Studies,* dove si è insistito sulla riformulazione dell'autonomia come indipendenza supportata. Sul punto, sia permesso rimandare a M.G. BERNARDINI, *Disabilità, giustizia, diritto. Itinerari tra filosofia del diritto e* Disability Studies, Giappichelli, Torino, 2016.

nerabilità dell'individuo: se è reputata in grado di decidere e, su tale base, è considerata responsabile delle sue azioni, per l'ordinamento la persona non si trova in una condizione o in una situazione di vulnerabilità, il che comporta conseguenze per nulla secondarie in ordine alla tutela dei suoi diritti fondamentali e alla possibilità di farli valere anche nell'ambito giurisdizionale[57]. La stessa logica è alla base degli istituti di incapacitazione, diretti appunto a limitare – giungendo talora a negare – la giuridica rilevanza dell'agire di coloro che non sono considerati in grado di scegliere e di autodeterminarsi, e che di norma afferiscono appunto ai "gruppi vulnerabili". Pure in questo caso, vulnerabilità e responsabilità sembrano escludersi mutuamente: siccome si ritiene che i soggetti vulnerabili siano irresponsabili, viene apprestata una protezione paternalistica, che può assumere i tratti di una vera e propria neutralizzazione della loro soggettività.

D'altro canto, anche la sfera giuridica si è rivelata permeabile alle istanze che provengono dalle teorie critiche e, più nello specifico, dal *vulnerability turn*, con interessanti conseguenze proprio in merito alla relazione tra vulnerabilità e responsabilità, nonché a quella, a essa inestricabilmente correlata, tra vulnerabilità e capacità.

---

57 Emblematico, in tal senso, lo sfruttamento lavorativo delle persone migranti, che si configura anche come una questione di genere; *ex multis*, cfr. A. SCIURBA, "Vulnerabilità, consenso, responsabilità: alcuni casi di grave sfruttamento lavorativo e tratta delle donne migranti in Italia", *Cosmopolis*, 13, 2, 2016 https://www.cosmopolisonline.it/articolo.php?numero=XIII22016&id=4; M.G. GIAMMARINARO, L. PALUMBO, "Le donne migranti in agricoltura: sfruttamento, vulnerabilità, dignità e autonomia", *Agromafie e caporalato. Quinto rapporto*, Ediesse Futura, Roma, 2020, pp. 81-114.

Con specifico riferimento all'accesso alla giustizia, la relazione tra vulnerabilità e responsabilità interessa molteplici piani. Il primo, già richiamato, riguarda la responsabilità delle istituzioni in merito alla predisposizione delle condizioni che permettano un accesso effettivo alla giustizia. L'architettura dei tribunali, l'attenzione alle condizioni economiche dei soggetti che vogliano far valere in giudizio i propri diritti, la possibilità di ricorrere a forme "altre" di giustizia, pur con tutte le ambivalenze e gli aspetti critici di cui si è dato conto per quanto concerne la possibile – e probabile – appropriazione neoliberale, vanno a delineare un «legal system design» che, per l'appunto, mira a rispondere alle specifiche esigenze delle persone, intese come protagoniste del sistema-giustizia[58].

La medesima questione può essere affrontata anche in senso speculare, ossia nell'ottica del soggetto vulnerabile. Per quanto la riformulazione della relazione tra vulnerabilità e responsabilità – prima mutualmente escludentisi, ora considerate compatibili tra loro – presenti notevoli vantaggi in relazione al riconoscimento dell'*agency* dell'individuo, vi si può fare ricorso per allocare in capo al soggetto vulnerabile la responsabilità in merito alla scelta tra l'adire la giustizia per le vie ordinarie o l'affidarsi a soluzioni "alternative", sempre con tutti i rischi, già ampiamente emersi, relativi allo "slittamento" verso forme private di giustizia messo in rilievo dal neoliberalismo.

---

58 A. PILLIAR, "Vulnerability Theory and Access to Justice: Elaborating Possibilities for Legal Design", in M.A. FINEMAN, L. SPITZ (eds.), *Law, Vulnerability and the Responsive State*, e ID., "Filling the Normative Hole at the Centre of Access to Justice. Toward a Person-Centred Conception", *UBC Law Review*, 55, 1, 2022, Article 5 https://commons.allard.ubc.ca/ubclawreview/vol55/iss1/5.

Inoltre, il ripensamento della relazione tra vulnerabilità e responsabilità produce importanti conseguenze anche sul piano più specificamente processuale, ossia sulla declinazione dell'accesso alla giustizia che interessa in questa sede. Postulare che il soggetto vulnerabile sia responsabile significa, infatti, riconoscerlo quale individuo capace di intendere e di volere, di autodeterminarsi, di scegliere e di agire in conformità al proprio volere. Tutte queste espressioni, per quanto non sinonimiche, restituiscono l'immagine di un soggetto consapevole di sé e delle sue azioni, che in quanto tale è tenuto anche ad assumersi le conseguenze delle scelte compiute.

Lungi dal costituire un "semplice" cambio di prospettiva, partire da un simile assunto introduce una frattura netta con l'impostazione che sembra ancora dominante (ancorché in fase di ripensamento), afferente alla tradizione di pensiero liberale, che tende invece a vedere nel soggetto vulnerabile pressoché esclusivamente un individuo da proteggere, e su tale base ne nega o ne esclude non solo la capacità, ma anche la responsabilità che vi è correlata[59].

Su questo specifico aspetto, molto è stato scritto soprattutto in seguito dell'introduzione, nell'ambito del diritto internazionale dei diritti umani, della c.d. "capacità universale", o "inclusiva". Tale concetto, introdotto dall'art. 12 della Convenzione Onu delle persone con disabilità ed elaborato proprio a partire dall'antropologia della vulnerabilità[60], ha portato numerosi Stati a riformare i propri sistemi di incapacitazione, attraverso l'abrogazione delle misure completamente ablative della capa-

---

59 È noto, al riguardo, il trattamento giuridico storicamente riservato alle donne. Sul punto, cfr. il recente A. FACCHI, O. GIOLO, *Una storia dei diritti delle donne*, il Mulino, Bologna, 2023.

60 Per un'analisi più dettagliata, sia permesso rimandare a M.G. BERNARDINI, *La capacità vulnerabile*, Jovene, Napoli, 2021.

cità d'agire e una riforma di quelle poste a supporto dell'autonomia della persona[61].

Per il suo tramite, oggigiorno si assiste a un progressivo superamento della distinzione dicotomica tra capacità e incapacità, tradizionalmente considerata nei termini di un'alternativa tra un "pieno" e un "vuoto"[62], a favore di una sua visione graduale, che porta ad ampliare il novero dei soggetti ritenuti in grado di agire in modo giuridicamente rilevante, anche sul piano processuale. Al riguardo, è emblematico il riconoscimento della capacità di compiere atti personalissimi in capo a coloro che sono sottoposti a misure di incapacitazione, i quali mantengono dunque la responsabilità delle proprie scelte e si vedono garantito quell'accesso alla giustizia che nell'impianto ottocentesco – non ancora del tutto superato – è loro precluso.

Sul fronte processualpenalistico, il dibattito sulla relazione tra vulnerabilità e responsabilità riporta invece d'attualità argomenti risalenti agli anni Settanta del Novecento, legati all'antipsichiatria e alla figura di Franco Basaglia[63]. Avvalen-

---

61 Per una comparazione, cfr. M. BACH, N. ESPEJO YAKSIC (cur.), *Capacidad jurídica, discapacidad y derechos humanos, Suprema Corte de Justicia de la Nación,* Ciudad de México, 2022; M. DONNELLY, R. HARDING, E. TAŞCIOĞLU (eds.), *Supporting Legal Capacity in Socio-Legal Context,* Hart Publishing, Oxford, 2022; E. FLYNN, A. ARSTEIN-KESLAKE, C. DE BHAILIS, M.L. SERRA, (eds.), *Global Perspectives on Legal Capacity Reform: Our Voices, Our Stories,* Routledge, New York, 2020.

62 Si richiama al "pieno" e al "vuoto" relativi alla concezione ottocentesca di capacità la Corte di Cassazione italiana, in *Cass. Civ.*, I sez., sent. n. 11536 del 2017.

63 La linea argomentativa richiamata travalica i confini dell'ordinamento italiano, dato che il movimento antipsichiatrico ha notoriamente avuto diffusione mondiale. All'indomani dell'entrata in vigore della Convenzione Onu sui diritti delle perso-

dosi del riferimento all'Art. 12, che in base all'interpretazione del Comitato Onu sui diritti delle persone con disabilità richiede di dissociare la capacità legale da quella mentale[64], parte della dottrina è tornata a ribadire la necessità di riconoscere la responsabilità del "folle reo". Sostiene, infatti, che il diritto di assumersi la responsabilità dell'atto compiuto va garantito anche in presenza di una condizione patologica, quale ad esempio una disabilità psicosociale, perché pure in tal caso residua nell'individuo un margine di consapevolezza che deve essere rispettato. In questa prospettiva, l'ascrizione della responsabilità diviene parte di un progetto diretto al riconoscimento della persona in condizione di vulnerabilità – nella specifica declinazione della disabilità – quale soggetto di diritto e alla "restituzione" dei suoi diritti, libertà e dignità, rivelandosi "terapeutica"[65].

Sul piano processuale, l'accoglimento di questa proposta porterebbe a riformare istituti quali l'imputabilità e la capacità dell'individuo di stare in giudizio, nell'ottica della garanzia di un "diritto al giudizio" che, nelle intenzioni dei suoi proponen-

---

ne con disabilità e dell'abbattimento del muro tra "disabilità" e "salute mentale", le tesi dell'antipsichiatria trovano eco anche nel più ampio contesto degli studi sulla disabilità (non solo psicosociali) di tutto il mondo. Sul punto, cfr. T. MINKOWITZ, "Why Mental Health Law Contravene the CRPD. An Application of Article 14 with Implications for the Obligations of States Parties", 15, 2011, https:// doi. org/ 10. 2139/ ssrn. 19286 00; WORLD NETWORK OF USERS AND SURVIVORS OF PSYCHIATRY, https://wnusp.wordpress.com/advocacy/legal-capacity/.

64 COMMITTEE ON THE RIGHTS OF PERSONS WITH DISABILITIES, General Comment No. 1, 2014.

65 F. CORLEONE, "La responsabilità è terapeutica", in F. CORLEONE (a cura di), *Il muro dell'imputabilità. Dopo la riforma una scelta radicale,* Fondazione Michelucci, Fiesole, 2019, pp. 7 ss.

ti, assumerebbe connotati realmente universali[66], e il cui corollario sarebbe il rifiuto di ogni legislazione speciale, come le disposizioni che regolano la non imputabilità per vizio di mente. L'applicazione del principio di eguaglianza richiederebbe infatti una completa equiparazione tra i "folli rei" e gli altri autori di reato; si ritiene che, come i secondi, anche i primi vantino il diritto di essere sottoposti a giudizio e, a seguito del relativo accertamento della responsabilità, alla correlata pena. In questa prospettiva, l'"incapacità di intendere e di volere" che è alla base dell'imputabilità e della capacità di stare in giudizio è intesa come un retaggio di quel positivismo criminologico che non mette in discussione la pericolosità sociale dell'individuo e ritiene sia necessario difendere quest'ultimo – così come la società nel suo complesso – attraverso la sua neutralizzazione e il suo confinamento.

Partire dalla prospettiva della capacità universale impone, al contrario, di garantire una piena eguaglianza, attraverso una serie di riforme che vanno dall'abrogazione della non imputabilità, della semi-imputabilità per vizio di mente e delle misure di sicurezza ad esse correlate, all'equiparazione della disabilità pregressa a quella sopravvenuta ai fini della valutazione della capacità dell'individuo di partecipare al processo, fino alla predisposizione delle misure che consentano di evitare la carcerazione dei detenuti che presentino disabilità psicosociali.

Se nella prospettiva "classica", o "tradizionale", si ritiene che il regime speciale e derogatorio sia previsto proprio al fine di garantire il diritto a non essere giudicati in mancanza della capacità psico-fisica di partecipare al processo e di esercitare il

---

66 Tra i principi invocati a sostegno di tale posizione figurano, infatti, l'eguale riconoscimento di fronte alla legge, l'accesso alla giustizia, la libertà, la sicurezza, nonché l'eguaglianza e la non discriminazione.

proprio diritto di difesa[67], la capacità universale sembra dunque richiedere che sia percorsa una strada *radicalmente* diversa. La questione è di grande complessità e, oltre a richiedere una contestualizzazione che tenga conto delle specificità dei sistemi processuali afferenti ai diversi ordinamenti, richiederebbe ben più ampi spazi di trattazione. Ho richiamato tale posizione perché credo sia urgente interrogarsi al riguardo, per comprendere se l'accoglimento di questa prospettiva porti davvero, oltre che a un esplicito riconoscimento della soggettività di tali individui, anche a un'effettiva maggiore tutela dei loro diritti fondamentali. La questione merita senz'altro spazi di approfondimento che da tempo non le sono accordati in modo sufficiente. Va all'intersezione tra gli studi sulla vulnerabilità e quelli sulla disabilità il merito di avere tolto certezze che sembravano acquisite e posto interrogativi difficili e radicali.

5. CONCLUSIONI

Le relazioni tra vulnerabilità e processo non sono solo molteplici e complesse, ma anche attraversate da tensioni e vere e proprie contraddizioni. Da un lato il rapporto tra vulnerabilità e processo non smette di caratterizzarsi per la presenza di esclusioni e discriminazioni, così risolvendosi in un ostacolo all'accesso alla giustizia – quando non in un suo vero e proprio

---

[67] La capacità di stare in giudizio assume rilievo, infatti, sia prima del processo, sia nella fase processuale vera e propria. Per stare in giudizio, un individuo deve esibire più di una generica capacità di orientamento, ossia deve essere in grado di consultarsi con il proprio difensore e di rivelare un ragionevole grado di consapevolezza, così come la capacità di comprendere il significato razionale e fattuale del procedimento al quale è sottoposto, al fine di poter esercitare in modo effettivo il proprio diritto di difesa.

diniego – per la persistenza di "vecchi" schemi qualificatori, legati perlopiù alla nozione di "vittima vulnerabile", e per la pervasività di un regime di governamentalità neoliberale sempre più insidioso e dalla profonda capacità adattiva.

Al contempo, la vulnerabilità sembra rappresentare anche una vera e propria chiave per l'accesso alla giustizia da parte di coloro che sono esclusi, discriminati, oppressi. Anzi, finora è forse lo strumento che più ha permesso alle differenze-specificità di "entrare" nel processo e di essere visibili. Inoltre, intesa come strumento euristico, si è rivelata utile anche nell'individuazione dei percorsi diretti ad una migliore tutela dei diritti, laddove disvela le carenze strutturali presenti. Gli accomodamenti procedurali, l'argine alla vittimizzazione secondaria e la riformulazione degli istituti processuali consentono infatti di muovere verso quell'effettivo accesso alla giustizia che, oggigiorno, spesso è ancora negato a coloro che si trovino in una condizione o in una situazione di vulnerabilità. Pertanto, nonostante permanga la necessità di mantenere uno sguardo sempre vigile nei confronti degli "abusi" della vulnerabilità e delle sue "appropriazioni indebite", il *vulnerability turn* consente di guardare con interesse alle opportunità che tale concetto sembra dischiudere in relazione al riconoscimento dei soggetti e alla tutela dei loro diritti fondamentali, anche nell'ambito della sfera processuale.

Accesso alla giustizia e funzioni degli stereotipi nel paradigma neoliberale

ORSETTA GIOLO
Università degli Studi di Ferrara

1. PREMESSA. LE TRASFORMAZIONI NEOLIBERALI DELLA GIUSTIZIA

Il problema dell'accesso universale alla giustizia è da tempo oggetto di un ricco e partecipato dibattito, a livello teorico e anche sul piano istituzionale in ambito europeo e internazionale[1].

L'interesse crescente, tuttavia, non sembra dipendere dalla necessità di garantire a tutte le persone il diritto di accedere

---

1 Cfr. per una ricognizione, da ultimo, F.J. ANSUATEGUI ROIG, M.C. BARRANCO (a cura di), *Acceso a la justicia y vulnerabilidad*, Dykinson, Madrid, 2023. Si vedano anche, ex multis, V. ROUAS (ed.), *Achieving Access to Justice in a Business and Human Rights Context: An Assessment of Litigation and Regulatory Responses in European Civil-Law Countries*, University of London Press, London, 2022 e F. FRANCIONI (ed.), *Access to Justice as a Human Right*, Oxford, Oxford University Press, 2007. Dal punto di vista istituzionale, si veda ad esempio quanto contenuto in EUROPEAN UNION AGENCY FOR FUNDAMENTAL RIGHTS AND COUNCIL OF EUROPE, *Handbook on European law relating to access to justice*, 2016, in https://www.echr.coe.int/documents/d/echr/handbook_access_justice_eng e la rilevanza attribuita al tema nell'ambito dell'Agenda 2030 dell'ONU, in https://2020rolhr.undp.org/focus/access-to-justice/. Si veda anche quanto ricostruito in G. PALOMBELLA, "Access to Justice: Dynamic, Foundational, and Generative", *Ratio Juris*, vol. 34, issue 2, June 2021, pp. 121-138.

alla giustizia, in senso lato; esso sembra piuttosto conseguente alla nuova centralità che la giustizia "giudiziale"– ovvero quel profilo della giustizia che si articola nel processo – ha assunto all'interno del paradigma neoliberale.[2]

A ben vedere, infatti, non è la giustizia distributiva ad essere al centro dell'attenzione e nemmeno al centro della imponente transizione in corso in ambito giuridico e politico. Anzi, la giustizia distributiva sembra caduta in disuso, in ragione dello smantellamento della sfera pubblica e del welfare state. Secondo la dominante ideologia neoliberale, non sono più le istituzioni, né tantomeno la politica, ad essere in grado di occuparsi della redistribuzione, rispondendo alle esigenze fondamentali delle persone: è piuttosto il mercato ad essere riconosciuto come lo strumento migliore ai fini della realizzazione della giustizia su scala globale. In sostanza, "ciò che fa bene al capitale fa bene a tutti. La promessa è la seguente: tutti si arricchiranno e anche i poveri finiranno per trarne profitto". Il potere seduttivo di questa ideologia neoliberale, secondo Ulrich Beck, "non sta dunque nello scatenamento degli egoismi o nella massimizzazione della concorrenza, ma nella prefigurazione di una giustizia globale[...]. *Per questo,* lo Stato (sociale) diventa superfluo"[3].

---

2 Con l'espressione "paradigma neoliberale" intendo rinviare al modello politico-giuridico-economico verso il quale intende approdare l'imponente transizione in corso, che sta travolgendo molte categorie giuridiche e politiche classiche; un modello che è fondato sul primato dell'economia sul diritto e la politica, così come del diritto privato (e de La sfera privata) sul diritto pubblico (e sulla sfera pubblica). Sul punto m i permetto di rinviare a O. GIOLO, *Il diritto neoliberale, Jovene,* Napoli, 2020.

3 U. BECK, *Potere e contropotere nell'età globale,* Laterza, Roma-Bari, 2014, pp. 8 e 9. La premessa implicita è la seguente: mercato e responsabilità sociale non sono più intesi come antitetici, cfr. S. ŽIŽEK, *Violence,* Profile Books, London, 2008.

Dunque, la transizione che sta investendo pesantemente il diritto stesso e le sue architetture comporta l'abbandono di una riflessione sulla giustizia in senso lato, implica la caduta in disuso della giustizia di tipo distributivo e si interessa in via principale della giustizia retributiva[4], tendenzialmente privatistica[5], fondata sul risarcimento del danno e la centralità della vittima.

Da qui, l'emersione del problema dell'accesso universale alla giustizia. Infatti, in assenza della redistribuzione (e delle relative politiche pubbliche[6]), il processo diviene l'unico ambito della giustizia al quale è ancora possibile accedere per vedere garantiti i propri diritti.

Molte sono le implicazioni di questo "riduzionismo" della giustizia al mero piano retributivo, già sottolineato tempo addietro, ad esempio, da Antoine Garapon[7]: basti pensare all'in-

---

4 Si veda in merito quanto ricostruito in P.P. PORTINARO, "La giustizia retributiva oltre la pena", *Rivista di filosofia, Rivista quadrimestrale* 2/2007, pp. 259-278, a proposito dell'insoddisfazione maturata nei confronti della giustizia distributiva (alla p. 260 e ss).

5 B. PASTORE, F. VIOLA, G. ZACCARIA, *Le ragioni del diritto*, il Mulino, Bologna, 2017, p. 82 e ss. Cfr. per una ricognizione del dibattito sulla giustizia come redistribuzione cfr. A. CAVALIERE, *Una giustizia a due dimensioni. Redistribuzione e riconoscimento nell'opera di Nancy Fraser*, Giappichelli, Torino, 2023.

6 Cfr. quanto sostenuto da Dolores Morondo Taramundi durante il convegno "Acceso a la justicia, vulnerabilidad y cultura jurídica" -Proyecto PID2019-108918GB-I00 financiado por MCIN/AEI/10.13039/501100011033, 13 y 14 de diciembre de 2023, Universidad Carlos III de Madrid, a proposito delle criticità del diritto antidiscriminatorio, che attualmente opera in assenza di politiche antidiscriminatorie, dunque in assenza di politiche pubbliche orientate all'eguaglianza.

7 A. GARAPON, *Lo Stato minimo. Il neoliberalismo e la giustizia*, Raffaello Cortina Editore, Milano, 2012.

gresso crescente del risarcimento del danno nel contesto del processo penale e al protagonismo delle vittime quale nuovi soggetti del processo e della politica[8], alla riconfigurazione in senso manageriale del processo e dei tribunali e alla de-istituzionalizzazione della giustizia stessa, che si fa impresa[9].

Il paradosso che si viene così a creare è il seguente: in un momento in cui è gravemente in crisi la capacità orientativa del principio di eguaglianza nei confronti del diritto e della politica, si indebolisce la tutela dei diritti fondamentali e aumentano le diseguaglianze e le discriminazioni[10], l'attenzione collettiva si concentra sulla possibilità non tanto di invertire queste tendenze, ma di andare (tutte/i) davanti a un giudice. Si ritiene cioè che, in assenza di garanzie primarie (cioè degli obblighi corrispondenti ai diritti[11], la cui espletazione spetta generalmente alle istituzioni pubbliche), le persone possano comunque vedere garantiti i propri interessi accedendo a quel che resta delle garanzie secondarie (ovvero la possibilità di agire in giudizio[12]). Chi vanta diritti,

---

8 Cfr. P.P. PORTINARO, "La giustizia retributiva oltre la pena", cit., p. 262 e ss. Cfr. T. PITCH, *Il malinteso della vittima. Una lettura femminista della cultura punitiva,* Gruppo Abele, Torino, 2022 e O. GIOLO, "Il ritorno delle disuguaglianze e le trasformazioni del diritto. Appunti sui mutamenti di paradigma in corso in tema di diritti e democrazia", *Filosofia politica,* 1, 2020, pp. 61-78.

9 Garapon precisa che con il termine impresa non si intende necessariamente far riferimento a un'organizzazione con fini di lucro, ma piuttosto si vuole sottolineare la riduzione dell'istituzione a progetto o iniziativa, senza alcuna idea di finalità e un ripiegamento totale sulla definizione dei mezzi, cfr. A. GARAPON, *Lo Stato minimo. Il neoliberalismo e la giustizia,* cit., p. 53.

10 Si veda, per tutti, L. FERRAJOLI, *Manifesto per l'eguaglianza,* Laterza, Roma-Bari, 2018.

11 L. FERRAJOLI, *Diritti fondamentali,* Laterza, Roma-Bari, 2001.

12 Ibidem.

dunque, non è più invitato a rivolgersi a tutte le istituzioni pubbliche per la loro soddisfazione, ad esempio partecipando alla vita politica in quanto soggetto *giuridico e politico*; è piuttosto sospinto a denunciare chiunque possa avergli arrecato un danno, chiedendone il risarcimento[13].

Da qui, appunto, il problema: possono accedere tutte/i alla giustizia "giudiziale"? Quali sono i soggetti che faticano, per diverse ragioni, ad agire in giudizio? Interrogativi, questi, che presuppongono implicitamente un'ulteriore, fondamentale, domanda: come è possibile garantire l'accesso alla giustizia a tutte/i, al fine di evitare che la rivendicazione della giustizia (inevitabilmente politica), sfoci nel conflitto (politico)[14]?

Alla luce di queste considerazioni, vorrei proporre di seguito alcune brevi riflessioni sulle funzioni che gli stereotipi svolgono in un simile contesto, quali strumenti di gestione dell'accesso alla giustizia.

È interessante notare, a tal proposito, come il dibattito teorico e giuridico sugli stereotipi, al pari di quello sull'accesso alla giustizia, sia attualmente molto vivace, con evidenti ricadute anche in ambito istituzionale[15]. La nozione di stereotipo, difatti, è con-

---

13 Ciò conduce, come sottolineato da Garapon, ad una "deconflittualizzazione delle relazioni" che tende a depoliticizzare e funzionalizzare la giustizia, sino a giungere ad una "giustizia senza udienza" (A. GARAPON, *Lo Stato minimo. Il neoliberalismo e al giustizia,* cit., p. 48 e ss.).

14 Sulla proceduralizzazione del conflitto in relazione ai diritti rinvio a E. SANTORO, "I rifugiati e le nostre categorie di morale, politica, diritto e democrazia", in M.G. BERNARDINI, O. GIOLO (a cura di), *Le teorie critiche del diritto,* Pacini, Pisa, 2017, pp. 151-177.

15 La letteratura sugli stereotipi è oramai sterminata e assai sviluppata in chiave interdisciplinare. Con esclusivo riferimento all'ambito giuridico, la bibliografia è egualmente molto ricca. A titolo meramente

testualmente oggetto di indagini multidisciplinari, decisioni giudiziali, documenti istituzionali, con risultati anche contrastanti.

Ad esempio, allo stato dell'arte non vi è chiarezza sul recepimento in ambito giuridico della distinzione tra stereotipi e pregiudizi[16], dato che negli atti e nella letteratura i due termini vengono utilizzati talvolta come sinonimi[17], altre volte come

---

esemplificativo, rinvio a F. SHAUER, *Profiles Probabilities and Stereotypes*, Harvard University Press, Cambridge, 2003; E. BREMS, A. TIMMER (eds.), *Stereotypes and Human Rights Law*, Larcier Intersentia, 2017; B. L. RUSSEL (Ed.), *Perceptions of Female Offenders. How Stereotypes and Social Norms Affect Criminal Justice Responses*, Springer, New York, 2013; P. PAROLARI, "Stereotipi di genere, discriminazioni contro le donne e vulnerabilità come disempowerment. Riflessioni sul ruolo del diritto", *About Gender*, Vol. 8 N° 15 anno 2019 pp. 90-117. Sempre a titolo esemplificativo, con riferimento all'attenzione istituzionale nei confronti del contrasto agli stereotipi (di genere soprattutto), si veda il documento UN-WOMEN, EU 4 *Gender Equality: Together Against Gender Stereotypes and Gender-Based Violence*, in https://eca.unwomen.org/en/what-we-do/ending-violence-against-women/eu-4-gender-equality.

16 Sull'indeterminatezza e l'incertezza con cui in letteratura ci si riferisce allo stereotipo rinvio a E. GHIDONI, D. MORONDO TARAMUNDI, "El papel de los estereotipos en las formas de la desigualdad compleja: algunos apuntes desde la teoría feminista del derecho antidiscriminatorio ", *Discusiones*, 28(1), 2022, pp. 37–70. Cfr. A. TIMMER, "Judging Stereotypes: What the European Court of Human Rights Can Borrow from American and Canadian Equal Protection Law", *The American Journal of Comparative Law*, n. 63, 2015, pp. 239–284.

17 Si veda ad esempio quanto sottolineato di recente da Costanza Nardocci a proposito dell'assenza di consenso unanime in letteratura sulla relazione tra stereotipi e pregiudizi, in C. NARDOCCI, "La generalizzazione irragionevolmente discriminatoria: lo stereotipo di genere tra diritto e corti", *GenIus – Rivista di studi giuridici sull'orientamento sessuale e l'identità di genere*, online first, 20 gennaio 2023, pp. 1-30, alla p. 2.

elementi distinti di un sistema di credenze discriminatorio[18]. Allo stesso modo, non appare ancora definita loro valenza neutra, positiva o negativa, descrittiva o prescrittiva, cognitiva o discriminatoria, nonché la loro utilità o dannosità[19].

In questa sede non intendo discutere queste diverse tesi e mi limiterò a utilizzare il termine stereotipi[20], in accordo con parte della letteratura[21], attribuendogli un'accezione sempre negativa, perché sempre negativo è l'effetto del suo utilizzo *nel diritto,* con riferimento alle persone: lo stereotipo stigmatizza, serializza, omologa attribuendo ad un soggetto caratteristiche e qualità che non gli appartengono naturalmente né personalmente.

A partire da questo assunto, può risultare interessante interrogarsi in merito alle funzioni che lo stereotipo svolge in

---

18 Per un approfondimento rinvio a A. DE GIULI, "Igualdad y creencias discriminatorias: de las ciencias psicológicas al ámbito jurídico", in *Revista Internacional De Pensamiento Político,* 18(18), 2023, pp. 285–304. Cfr., *ex multis,* J.F. DOVIDIO, M. HEWSTONE, P. GLICK, V.M. ESSES (eds.), *The SAGE Handbook of Prejudice, Stereotyping and Discrimination,* SAGE Publications, London, 2010; C. STANGOR, *Stereotypes and Prejudice: Essential Readings,* Psychology Press, Philadelphia, 2000.

19 F. ARENA (coordinador), *Manual sobre los effectos de los estereotipos en la impartición de justicia,* Suprema Corte de Justicia de la Nación, Ciudad de Mexico, 2022.

20 In questa sede non distinguerò tra stereotipi e pregiudizi, cfr. in merito, per una breve disamina, B. M. MAZZARA, *Stereotipi e pregiudizi,* il Mulino, Bologna, 1997.

21 Cfr. D. MORONDO TARAMUNDI, E. GHIDONI, "El papel de los estereotipos en las formas de la desigualdad compleja: algunos apuntes desde la teoría feminista del derecho antidiscriminatorio", in *Discusiones,* 28 (1), 2022, pp. 37-70. Cfr. D. MORONDO TARAMUNDI, E. GHIDONI, "Contro la neutralità dello stereotipo: una lettura critica a partire dal giusfemminismo", in M.G. BERNARDINI, O. GIOLO (a cura di), *Giudizio e pregiudizio. Gli stereotipi di genere nel diritto,* Giappichelli, Torino, 2024, in corso di pubblicazione.

seno al diritto e alla giurisprudenza con specifico riferimento al problema dell'accesso alla giustizia, per scorgere quali possano essere le ragioni della convergenza tra questi due dibattiti, al di là delle apparenze. Non è detto, infatti, che l'attenzione alla decostruzione degli stereotipi sia diretta a rafforzare l'accesso universale alla giustizia retributiva, cioè al risarcimento del danno: altri potrebbero essere i fini, in adesione a quanto la progettualità neoliberale propone e impone.

Per procedere nell'analisi, occorrerà dunque chiedersi innanzitutto a quali stereotipi si intenda fare riferimento–nel dibattito–e contro quali stereotipi si dirigono le critiche mosse dalle istituzioni pubbliche, dalle corti interne e internazionali, nonché dai/lle giuristi/e; sarà pertanto necessario distinguere per un verso tra vecchi e nuovi stereotipi e, per altro verso, tra le connesse vecchie e nuove funzioni che questi esercitano.

Di conseguenza, proporrò, in primo luogo, una brevissima analisi delle funzioni "classiche" degli stereotipi, dirette principalmente a screditare le cd. soggettività non paradigmatiche[22]; in secondo luogo, porrò l'attenzione sulle possibili funzioni nuove o aggiuntive che gli stereotipi svolgono nel contesto della serializzazione e della standardizzazione proprie della giustizia neoliberale; in terzo luogo, e sempre a proposito delle funzioni (nuove e riviste) degli stereotipi, mi soffermerò sulla trasformazione del linguaggio giuridico che gli stereotipi concorrono a veicolare o accelerare.

---

22 Con l'espressione "soggetti non paradigmatici" intendo far riferimento alle persone che tradizionalmente non hanno ricoperto e non ricoprono posizioni di dominio all'interno della società, e dunque sono stati e sono tradizionalmente poste ai margini della teoria giuridica e politica. Cfr. M.G. BERNARDINI, O. GIOLO (a cura di), *Le teorie critiche del diritto,* cit.

2. LA FUNZIONE (CLASSICA) DEGLI STEREOTIPI NELL'ACCESSO ALLA GIUSTIZIA

Prendendo le mosse dai "vecchi" stereotipi, è possibile sostenere che la loro funzione "classica" è quella di impedire l'accesso alla giustizia, attraverso una manipolazione della realtà. In questo caso gli stereotipi reiterano e rafforzano le classiche gerarchie dell'umano, ovvero le categorie della discriminazione (sesso, razza, orientamento sessuale, lingua, origine nazionale, classe sociale e così via): i soggetti dominanti, che detengono il potere di definizione[23], producono gli stereotipi relativi ai soggetti dominati, al fine di mantenerli in una condizione di assoggettamento e subordinazione.

Tutto ciò investe ovviamente anche il piano della giustizia retributiva: tanto è vero che, in ambito processuale, le soggettività non paradigmatiche faticano da sempre a vedere riconosciute le proprie pretese, grazie agli stereotipi recepiti dalle norme e dalle prassi a queste informate. Basti pensare alla "credibilità" del soggetto non paradigmatico che ancora oggi è assai problematica, generalmente svilita, in ossequio alla tradizione giuridica che ha impedito per secoli a queste stesse persone di agire in giudizio e di testimoniare[24]. Esemplificativi sono i processi che riguardano le persone migranti o i processi per violenza contro le donne: le narrazioni di questi soggetti subiscono regolarmente operazioni di svalutazione e misconoscimento attraverso il ricorso agli stereotipi–razzisti nel primo caso e sessisti nel secondo (se non in combinazione

---

[23] Sulla problematica distribuzione del potere di definizione all'interno di una qualsivoglia società rinvio per tutti a A. BARATTA, *Criminologia critica e critica del diritto penale*, il Mulino, Bologna, 1982.

[24] Si veda l'esclusione delle donne dalla testimonianza in A. FACCHI, O. GIOLO, *Una storia dei diritti delle donne*, Il Mulino, Bologna, 2023.

tra loro)–che hanno la specifica funzione di affermare la loro "non credibilità"[25].

L'attenzione istituzionale a questi stereotipi classici e alla connessa funzione discriminatoria e denigratoria nei confronti delle soggettività non paradigmatiche (e ai danni che ne derivano, come ad esempio la vittimizzazione secondaria) sembra essersi attivata. Anzi, è possibile sostenere che l'interesse per l'accesso alla giustizia e la critica dura agli stereotipi nel diritto sembrano in questo caso rispondere alla medesima esigenza: permettere al numero maggiore possibile di persone di trovare, nella giustizia retributiva, la soluzione ai propri problemi.

Ma già si intravvede anche qualcos'altro. La critica agli stereotipi coincidenti con le vecchie categorie della discriminazione forse suggerisce la perdita di rilevanza di queste ultime, perché altre sono le condizioni che possono determinare l'assoggettamento di un individuo, come cercherò di sostenere qui di seguito. Le vecchie categorie della discriminazione, cioè, concorrono attualmente alla costruzione di relazioni di tipo gerarchico solamente se abbinate ad altro, altrimenti possono o devono essere superate, poiché il neoliberalismo teorizza l'individuo dalle infinite possibilità (la cd. ultrasoggettivazione)[26]. Le vecchie categorie della discriminazione, poiché

---

[25] Sul punto mi permetto di rimandare a O. GIOLO, "Norme, prassi, stereotipi nel diritto sessuato dell'immigrazione", in *Diritto, immigrazione, cittadinanza*, 2, 2014, pp. 34-51 e O. GIOLO, "Sul diritto fondamentale di asilo. Sviluppi recenti e preoccupanti del rapporto tra diritto e narrazione in Italia", in *Ragion pratica*, 2/2019, pp. 517-534. Cfr. anche A. DINO, *Femminicidi a processo. Dati, stereotipi e narrazioni della violenza di genere*, Meltemi, Roma, 2021; B. L. RUSSELL (ed.), *Perceptions of Female Offenders. How Steretypes and Social Norms Affect Criminal Justice Responses*, Springer, New York, 2013.

[26] Ultra-soggettivazione "che non è finalizzata a uno stadio ultimo e possibile di 'possesso di sé', a un al di là di sé che si sposta continua-

rappresentano dei limiti all'espressione della soggettività individuale, vanno pertanto superate, abbattute.

Inoltre, la critica istituzionale agli stereotipi sembra addirittura sostenere un ulteriore processo in corso: quello della "psicologizzazione" (o "psico-patologizzazione") delle discriminazioni e delle diseguaglianze, quali esiti di problemi personali e non socialmente determinati. La progettualità neoliberale, in ragione dell'iper-responsabilizzazione individuale, auspica la riduzione dell'azione discriminatoria al piano dei sentimenti o delle emozioni, che si esprimono tramite il ricorso agli stereotipi. Secondo questa tendenza, il diritto funzionerebbe in modo scorretto o dannoso non tanto in ragione delle ideologie politiche razziste, sessiste e/o classiste che lo ispirano e nemmeno a causa di strutture sociali e politiche pubbliche profondamente gerarchizzate: gli "errori" del diritto (i cd. *bias*) dipenderebbero in ultima analisi da atteggiamenti e comportamenti soggettivi che veicolerebbero discriminazioni prevalentemente a causa di "pregiudizi involontari, ignoranza, superficialità" individuali[27].

3. NUOVI STEREOTIPI E NUOVE FUNZIONI

Occorre a questo punto interrogarsi sulla possibile esistenza di nuovi stereotipi, con nuove funzioni, che interagiscono con quelle classiche degli stereotipi vecchi.

---

mente in avanti, e per di più costituzionalmente conforme. Nel suo stesso regime, alla logica dell'impresa e, più in là, al cosmo mondiale" (P. DARDOT, C. LAVAL, *La nuova ragione del mondo. Critica della razionalità neoliberista,* DeriveApprodi, Roma, 2013, p. 449).

27 F. FUREDI, *Therapy Culture: Cultivating Vulnerability in an Uncertain Age,* Routledge, 2003, p. 24 e ss.

Stante la critica a questi ultimi, a ben vedere, appare sempre più evidente che lo stereotipo, in qualità di *standard*, rappresenti una sorta di perno attorno al quale va riconfigurandosi il diritto stesso. Il ricorso odierno agli stereotipi sembra infatti rispondere a nuove esigenze, che il paradigma neoliberale esprime. Siamo probabilmente all'interno di una transizione in cui nuovi e potenti stereotipi si affacciano, precisamente in relazione alla definizione della soggettività neoliberale[28]. Occorre infatti ricordare che, come il diritto e la politica, anche la soggettività è in fase di trasformazione. Il soggetto neoliberale è "di prestazione", performante, competitivo, "in potenza", imprenditore di se stesso, votato all'autosfruttamento[29]: chi non si adegua a tale modello diviene oggetto di stigmatizzazione e condanna, veicolate attraverso nuovi stereotipi costruiti appunto a partire da questo nuovo modello di soggetto. Di conseguenza, chi non è performante viene rappresentato come un fattore di rischio/pericolo/danno per la società[30]; chi non è

---

28 Si vedano in merito, ex multis, S. VIDA, "Neoliberismo, biopolitica e schiavitù. Il capitale umano in tempo di crisi", *Cosmopolis. Rivista di Filosofia e teoria politica*, 1/2022, in https://www.cosmopolisonline.it/articolo.php?numero=XIII22016&id=9 e P. DARDOT E C. LAVAL, *La nuova ragione del mondo. Critica della razionalità neoliberista*, cit., p. 414 e ss.

29 "Il soggetto di prestazione tardo moderno", sottolinea Byung-Chul Han, "non è sottomesso a nessuno. [...] Esso si positivizza, anzi si libera in quanto progetto"; ma il mutamento dal soggetto al progetto, secondo Han, non comporta l'eliminazione delle costrizioni, semmai conduce ad un'autodisciplinamento che sfocia nell'autosfruttamento, in B.C. HAN, *La società della stanchezza*, Nottetempo, Milano, 2020, p. 96 e ss.

30 J. SIMON, "The Ideological Effects of Actuarial Practices", in *Law and Society Review*, 22, 4, pp. 771-800, p. 790 e ss. Cfr. U. BECK, *Risk Society. Towards a New Modernity*, Sage Publications, 1992.

competitivo è indolente o incapace[31]; il soggetto che affronta una situazione di difficoltà (temporanea o meno che sia) va considerato vulnerabile[32] o sfortunato[33]; si è liberi nel momento in cui si può esercitare una qualche forma di scelta, anche in assenza di una libera condizione[34]. Questi nuovi stereotipi, che ovviamente interagiscono con quelli classici, hanno dunque una prima rilevante doppia funzione che consiste, per un verso, nel concorrere a plasmare le forme della soggettività neoliberale e, per altro verso, nell'inferiorizzare chi non si adegua (per volontà, incacità o impossibilità) a questo modello.

Appare interessante indagare questa doppia funzione, perché la giustizia, nella concezione neoliberale, è binaria, tanto quanto l'esperienza giuridica nel suo complesso. Il diritto neoliberale auspica la creazione di diversi ambienti giuridici (come la letteratura sottolinea)[35], che tuttavia esprimono pari-

---

31 Sulle conseguenze della "concorrenza assoluta" cfr. ancora B.C. HAN, *La società della stanchezza,* cit., p. 94 e ID., *Vita contemplativa,* Nottetempo, Milano, 2023, p. 74.

32 Sugli usi (e gli esiti ambigui) della nozione di vulnerabilità mi permetto di rinviare a O. GIOLO, B. PASTORE (a cura di), *Vulnerabilità. Analisi multidisciplinare di un concetto,* Carocci, Roma, 2018 e, più di recente, M.G. BERNARDINI, V. LORUBBIO (a cura di), *Diritti umani e condizioni di vulnerabilità,* Erickson, Trento, 2023.

33 In merito alla rinascita della categoria della "fortuna" nella società del rischio rinvio a Z. BAUMAN, *Collateral Damage Social Inequalities in a Global Age,* Polity Press, New York, 2011.

34 Sulla risignificazione neoliberale della libertà mi permetto di rinviare a A. FACCHI, O. GIOLO, *Libera scelta e libera condizione. Un punto di vista femminista su libertà e diritto,* il Mulino, Bologna, 2020. Cfr. V. PAZÈ, *Libertà in vendita. Il corpo tra scelta e mercato,* Bollatio Boringhieri, Torino, 2023.

35 Si veda in merito F. DENOZZA, "Regole e mercato nel diritto neoliberale", in M. RISPOLI FARINA, A. SCIARRONE ALIBRANDI E E. TONELLI (a cura di) *Regole e mercato,* Giappichelli, Torino, 2017,

menti una medesima necessità: quella della standardizzazione e della omologazione. Il primo ambiente giuridico trova collocazione nella cd. "rete" (il sistema destrutturato di norme, senza vertice, attraversato da flussi normativi in cui interagiscono orizzontalmente soggetti pubblici e privati[36]) e i soggetti che lo abitano vi possono accedere in quanto abbienti e/o "spontaneamente"[37] aderenti al modello della soggettività neoliberale (iper-responsabilizzazione individuale, imprenditorialità del sé, competitività, performance). A questi soggetti, già autonomamente omologati, è rivolto il modello della giustizia fondato sulla transazione[38]: in un ordinamento (se si può chiamare ancora così) in cui il *soft law* prevale sull'*hard law,* la normatività è graduata, l'obbligo diviene spinta gentile (il *nudge*), le norme sono prodotte da soggetti diversi, la forza non viene nominata

---

pp. XI-XLV; ID., "In viaggio verso un mondo re-incantato? Il crepuscolo della razionalità formale nel diritto neoliberale", *Osservatorio del diritto civile e commerciale,* 2, 2016, pp. 419-446; ID., "La frammentazione del soggetto nel pensiero giuridico tardo-liberale", *Rivista del diritto commerciale,* 2014, 1, pp. 13-47. Cfr. D. S. GREWAL, P. JEDEDIAH, "Introduction: Law and Neoliberalism", *Law and Contemporary Problems,* vol. 77, no. 4, 2014, pp. 1–23 e H. BRABAZON (ed.), *Neoliberal Legality: Understanding the Role of Law in the Neoliberal Project,* Routledge, New York, 2016.

36 Per una disamina del funzionamento della "rete" rinvio, per tutti, a B. PASTORE, *Interpreti e fonti nell'esperienza giuridica contemporanea,* CEDAM, Padova, 2014.

37 Sulle odierne forme dell'auto-obbligazione (quali "l'autonomia controllata" e "la partecipazione obbligata", in J. P. DURAND, *La chaîne invisibile. Travailler aujourd'hui: du flux tendu à la servitude volontaire,* Seuil, Paris, 2004, p. 373. Cfr. P. DARDOT, C. LAVal, *La nuova ragione del mondo,* cit., p. 447. Sulle "paradossali" concezione neoliberali della libertà (come "libertà costrittiva" o "libera costrizione") si veda invece B.C. HAN, *La società della stanchezza,* cit., p. 29.

38 A. GARAPON, *Lo Stato minimo,* cit., p. 48.

(il potere neppure)[39], va da sè che l'arbitrato, la mediazione, l'accordo tra soggetti che si capiscono, simili perché omologati, rappresentano il miglior mezzo per giungere a risolvere in modo soddisfacente le controversie, evitando i conflitti.

Nel secondo ambiente, invece, la "rete" lascia il posto a ciò che resta del vecchio ordinamento, riadattato alle nuove esigenze, perché diversi sono i soggetti che lo abitano. Si tratta in questo caso di individui non omologati, non aderenti al modello della soggettività neoliberale, coincidenti spessissimo – ma non sempre e non automaticamente–con i soggetti non paradigmatici di sempre i quali, in questo modo, si riconfigurano quali soggettività "problematiche". Qui l'omologazione appunto non è volontaria ma viene violentemente e autoritariamente imposta: per un verso, attraverso il ricorso a normative repressive e fortemente stereotipizzanti nei confronti di tutti coloro i quali rifiutano il modello neoliberale[40]; per altro verso, attraverso un trattamento generalizzato che tende a strutturarsi per

---

39 Sulla scomparsa, nella "rete", dei centri di imputazione del potere mi permetto di rinviare ancora a O. GIOLO, *Il diritto neoliberale*, cit., p. 41 e ss. Cfr. M.R. FERRARESE, *Poteri nuovi. Privati, penetranti, opachi*, il Mulino, Bologna, 2022.

40 Per un'analisi delle diverse interpretazioni e declinazioni del neoliberalismo autoritario cfr. E. GALLO, "Three varieties of Authoritarian Neoliberalism: Rule by the experts, the people, the leader", in *Competition & Change*, 26(5), 2022, pp. 554-574; I. BRUFF, C.B. TANSEL (eds.), *Authoritarian Neoliberalism. Philosophies, Practices*, Contestations, Routledge, 2020; G. BRINDISI, "Neoliberalismo autoritario, Stato democratico di diritto e populismo regressivo. La costruzione dell'ordine sociale attraverso il pericolo", *Rassegna di diritto pubblico europeo*, XIX, 1, 2020, pp. 17-45; A. DE GIORGI, "Note sul neoliberismo autoritario", *Explorations in Space and Society*, June 2017, 44, pp. 49-53, in www.losquaderno.net.

standardizzazioni (e dunque semplificazioni e stereotipi)[41], nel contesto – inoltre–di una progressiva sottrazione dei problemi al giudizio. Secondo una dinamica paradossale, infatti, il processo si prospetta sempre più come l'unico mezzo di accesso a una qualche forma di giustizia (ovvero a quella di tipo retributivo); tuttavia, allo stesso tempo, sempre meno questioni rilevanti sono giustiziabili[42]. Basti pensare, ad esempio, al fatto che i centri di potere, privato in primo luogo, nella "rete" sono invisibili e dunque i soggetti che prendono le decisioni oggi non sono sempre identificabili e tantomeno sottoponibili a controlli e vincoli; dunque, non devono rispondere ad alcuno di ciò che fanno.

I nuovi stereotipi, inoltre, hanno una seconda nuova funzione, che è quella di sostenere e rafforzare le procedure imposte di serializzazione e standardizzazione proprie del paradigma neoliberale, che appunto necessita, per operare, di standard e stereotipi[43]. La giustizia algoritmica-predittiva ben si inserisce all'interno di questo progetto, sia perché si costruisce su stereotipizzazioni, sia perché viene riservata prevalentemente alla soluzione delle questioni riguardanti il secondo ambiente, quello

---

41 Sulla standardizzazione generalizzata cfr. M. GALLETTI, S. VIDA, *Libertà vigilata. Critica al paternalismo libertario*, If Press, Roma, 2018.

42 Sulla difficoltà di ricondurre all'interno delle dinamiche della giustizia e del processo questioni urgentissime che danno luogo a "crimini di sistema" (dalla crisi ambientale alla criminalità finanziaria, dallo sfruttamento lavorativo e sessuale ai crimini di guerra) si veda, da ultimo, L. FERRAJOLI, *Per una costituzione della terra*, Feltrinelli, Milano, 2022, p. 40 e ss.

43 Cfr. P. GIBBON, H. FOLKE LASSE, "A Standard Fit for Neoliberalism", *Comparative Studies in Society and History*, vol. 54, no. 2, 2012, pp. 275–307; V. HIGGINS, W. LARNER (eds.), *Assembling Neoliberalism. Expertise, Practices, Subjects*, Springer, 2017.

abitato dalle soggettività "problematiche" (in quanto appunto non paradigmatiche e/o resistenti al modello neoliberale).

Di conseguenza, è possibile rinvenire un'ulteriore nuova funzione che i nuovi stereotipi, abbinati a standard e algoritmi, svolgono. Questa ha a che fare con la massimizzazione del profitto, forse più esplicitamente che in passato: la giustizia individualizzata (il diritto al giudizio personalizzato opportunamente sottolineato da Federico Arena[44]) è intesa come troppo costosa, lenta, dannosa per il mercato. Per questa ragione solamente i grandi capitali possono ambirvi, mentre il resto dell'umanità è bene che si accontenti di accedere–tutte/i si!–ad una giustizia standardizzata, per soggetti serializzati.

Dì questi nuovi stereotipi (e della loro combinazione con quelli vecchi) la dottrina si sta in parte occupando: un esempio è offerto dalla letteratura sulla discriminazione algoritmica[45].

---

44 F. ARENA, "Stereotipi e il dovere di trattare le altre persone come individui," in M.G. BERNARDINI, O. GIOLO (a cura di), *Giudizio e pregiudizio. Gli stereotipi di genere nel diritto,* Giappichelli, Torino, 2024, in corso di pubblicazione.

45 La letteratura sulla discriminazione algoritmica è molto vasta. A titolo meramente esemplificativo, rinvio a D. MORONDO TARAMUNDI, "Le sfide della discriminazione algoritmica", *GenIus – Rivista di studi giuridici sull'orientamento sessuale e l'identità di genere,* 1, 2022, pp. 22-32; S. VANTIN, *Il diritto antidiscriminatorio nell'era digitale. Potenzialità e rischi per le persone, la pubblica amministrazione, le imprese,* Wolters Kluwer – Cedam giuridica, Milano, 2021; R. XENIDIS, L. SENDEN, "EU non-discrimination Law in the era of artificial intelligence. Mapping the challenges of the algorithmic discrimination", in U. BERNITZ, X. GROUSSOT, J. PAJU, S.A. DE VRIES (eds.), *General Principles of EU Law and the EU Digital Order,* Alphen aan den Rijn, Kluwer Law, 2020, pp. 151-182; F. J. ZUIDERVEEN BORGESIUS, "Strengthening Legal Protection against Discrimination by Algorithms and Artificial Intelligence", *The International Journal of Human Rights,* 2020, 24 (10), pp. 1572-1593; M.J. AÑÓN ROIG, "Desigual-

Ma mi pare sia chiaro che non c'è a livello istituzionale la medesima attenzione rivolta agli stereotipi "vecchi", anzi: le politiche e le istituzioni pubbliche sostengono la riconfigurazione in corso della soggettività in chiave neoliberale e spingono per l'adozione della giustizia predittiva, facendo esplicitamente ricorso all'argomento dei costi e dell'efficienza[46]. Paradossalmente, sembra imporsi la convinzione in base alla quale l'essere umano che decide, in ambito giuridico, rischia di commettere "errori" in ragione del ricorso ai vecchi stereotipi (ovvero la decisione giudiziale è tendenzialmente a rischio di *inefficienza*); i nuovi stereotipi (che chiamiamo algoritmi) sono invece più efficienti e non producono errori, poiché prescindono (retoricamente, non fattivamente) dal *bias* umano.

---

dades algorítmicas: conductas de alto riesgo para los derechos humanos", *Derechos y Libertades,* (47), 2022, pp. 17-49.

46 Le sperimentazioni in corso in Italia sono sei e coinvolgono i tribunali e corti le appello di Pisa, Brescia, Venezia, Genova, Reggio Calabria, Bari. Per un commento cfr. C. CASTELLI, "Giustizia predittiva", *Questione giustizia,* 8 febbraio 2022, in https://www.questionegiustizia.it/articolo/giustizia-predittiva. Per un confronto con altre esperienze in ambito europeo C. LICOPPE, D. LAURENCE, "Le travail des juges et les algorithmes de traitement de la jurisprudence. Premières analyses d'une expérimentation de "justice predictive" en France", *Droit et société,* vol. 103, no. 3, 2019, pp. 535-554; M. GALIČ, A. DAS, M. SCHUILENBURG, "AI and administration of justice: Predictive policing and predictive justice in the Netherlands", in *Advance online publication,* 2023, in https://www.penal.org/fr/2023; J. SPRENGER, D. BRODOWSKI, "'Predictive policing', 'Predictive justice', and the use of 'artificial intelligence' in the administration of criminal justice in Germany", *E-Revue international de droit privé,* 2023, in https://penal.org/sites/default/files/files/A-02-23.pdf . Sulle sperimentazioni statunitensi cfr. da ultimo R. KEMPF, "Calcolare e punire, ascesa della giustizia algoritmica negli Stati Uniti", *Le Monde diplomatique,* dicembre 2023, pp. 21.

4. GLI STEREOTIPI (VECCHI E NUOVI) E LE TRASFORMAZIONI (NEOLIBERALI) DEL LINGUAGGIO GIURIDICO

Una terza questione che emerge nel momento in cui ci si interroga sul nesso esistente tra l'accesso alla giustizia e le funzioni degli stereotipi attiene alle torsioni che il linguaggio giuridico sembra oggi subire a sua volta.

Gli stereotipi possono agire sul diritto in più modi, come è noto, sia nella produzione legislativa, sia nelle prassi applicative, sia nell'interpretazione del diritto, sia nella decisione giudiziale. Sinteticamente, essi possono essere contenuti in norme giuridiche, che li consolidano e reiterano[47], possono radicarsi nelle prassi procedurali, possono inquinare il processo interpretativo che condurrà alla decisione giudiziale: agendo nel momento della precomprensione, oppure nella fase di individuazione e interpretazione della norma da applicare o nella ricostruzione dei fatti oggetto del processo, quando lo stereo tipo colma vuoti di conoscenza o distorce la comprensione delle testimonianze[48]. Possono inoltre interferire nel passaggio dalle premesse (in diritto e in fatto) alla decisione, dando luo-

---

47 E' questo il caso tipico degli stereotipi di genere che hanno infarcito il diritto per secoli. Si veda ad esempio quanto sottolineato in M. (MILLI) VIRGILIO, "Legislazioni a contrasto della violenza maschile contro le donne e autodeterminazione femminile", in S. SCARPONI (a cura di), *Diritto e genere. Analisi interdisciplinare e comparata*, Cedam, Padova, 2014, pp.319-347.

48 Significativo a tal riguardo è il dibattito in tema di ingiustizia epistemica, a partire dal fondamentale M. FRICKER, *Epistemic Injustice: Power and the Ethics of Knowing*, Oxford University Press, 2009. Sull'ingiustizia testimoniale cfr. W. MUNROE, "Testimonial Injustice and Prescriptive Credibility Deficits", *Canadian Journal of Philosophy*, 46, no. 6, 2016; pp. 924–947.

go a quel "salto logico" (ovvero l'incongruenza tra premesse e conclusione) che si ritrova nella motivazione della decisione viziata dal ricorso agli stereotipi[49].

Ma l'aspetto più interessante, in tutto questo, mi pare riguardi la confusione che lo stereotipo concorre a veicolare tra i diversi piani del linguaggio: confusione che si ripercuote nel linguaggio giuridico investendo tutte le fasi della decisione (legislativa o giudiziale) appena ricordate.

Le caratteristiche del linguaggio giuridico sono oggetto di un'ampia discussione nella letteratura filosofico-giuridica classica, che non è possibile riprendere in questa sede[50]. Tuttavia, pare qui utile ricordare che la distinzione tra piano descrittivo e prescrittivo nel diritto è assai rilevante ed è salutare per il diritto stesso. Ugualmente, in ambito giuridico, la distinzione tra linguaggio prescrittivo e descrittivo è importante e concorre a rendere visibili le diverse modalità di azione del potere (di produrre norme, imporre obblighi, attribuire poteri e diritti, qualificare *status*).

Sintetizzando brutalmente, è possibile ovviamente affermare che il linguaggio giuridico è di tipo normativo, poiché il piano del diritto è quello del dover essere. Per questa ragione le norme si distinguono dagli enunciati di tipo descrittivo, ovvero le proposizioni.

---

49 E. GHIDONI, "Aproximación a los estereotipos como elementos del razonamiento judicial a través de las presunciones", in F. ARENA (coordinador), *Manual sobre los efectos de los estereotipos en la impartición de justicia*, cit., pp. 299-325, alla p. 304.

50 La letteratura sul linguaggio giuridico è sterminata. In merito alle distinzioni tra linguaggio descrittivo, prescrittivo e performativo rinvio, ex multis, a J.L. AUSTIN, *How To Do Things With Words*, Oxford University Press, Oxford, 1975; T. MAZZARESE, *Logica deontica e linguaggio giuridico*, Cedam, Padova, 1989; M. BARBERIS, *Manuale di filosofia del diritto. Un'introduzione teorica*, Giappichelli, Torino, 2008, p. 64 e ss.

Gli stereotipi invece – vecchi o nuovi – non si collocano chiaramente né tra le norme né tra le proposizioni, poiché sembrano sintetizzare entrambe. Per un verso sono intesi quali informazioni/descrizioni, cioè come proposizioni empiriche o analitiche[51]; tanto è vero che, con riferimento allo stereotipo, si ricorre alla dicotomia vero-falso propria degli enunciati di tipo descrittivo. Per altro verso, è chiaro che gli stereotipi finiscono per funzionare sempre come norme rivolte alla generalità dei consociati. Sostenendo di descrivere la realtà – poiché offrirebbero informazioni –, gli stereotipi infatti determinano (ordinando o costituendo) non solamente le caratteristiche da attribuire ad un determinato soggetto ma anche, come sottolineano giustamente Morondo e Ghidoni[52], imponendo a chi ha a che fare con quel medesimo soggetto specifici comportamenti da tenere. Cioè, gli stereotipi non si rivolgono necessariamente solo alle persone di cui trattano (ad esempio: le donne sono portate naturalmente ad occuparsi del lavoro di cura, dunque le donne devono occuparsi del lavoro di cura), ma determinano anche il comportamento altrui (ad esempio: le donne che non si occupano della cura vanno stigmatizzate; le politiche di conciliazione devono riguardare prevalentemente le donne e non gli uomini, e così via). Ma allora non si dovrebbe far ricorso alla dicotomia valido/invalido, lecito/illecito, in ragione della loro portata normativa? Nella confusione tra piani, invece, verità e validità finiscono per sovrapporsi divenendo indistinguibili.

L'incertezza veicolata dallo stereotipo è tale che diviene complicato determinare anche la qualificazione del nesso che si instaura tra il ricorso allo stereotipo e la conseguente

---

51 Sulla distinzione tra proposizioni empiriche e analitiche cfr. M. BARBERIS, *Manuale di filosofia del diritto. Un'introduzione teorica,* cit., p. 65 e ss.

52 D. MORONDO TARAMUNDI, E. GHIDONI, "Contro la neutralità dello stereotipo: una lettura critica a partire dal giusfemminismo", cit.

decisione (legislativa o giudiziale). Infatti, se ammettessimo che lo stereotipo (presunto neutro e descrittivo) *informa* su alcune caratteristiche di individui e gruppi, dovremmo poi spiegare perché lo stesso stereotipo *giustifica* (o almeno concorre a giustificare) la decisione che vi fa ricorso. La distinzione tra informazione e giustificazione viene così a sfumare, compromettendo quanto la dottrina ha da tempo chiarito in merito[53].

La confusione tra i piani appare ancor più evidente se si analizzano gli stereotipi a partire dai loro usi. In dottrina, come già accennato, si distinguono stereotipi descrittivi, prescrittivi e costitutivi[54]. Si tratta tuttavia di distinzioni che nell'uso e nelle funzioni dello stereotipo tendono appunto a perdersi e a confondersi[55]. Come già suggerito, gli stereotipi sembrano essere sempre riconducibili–anche se ambiguamente–ad enunciati di tipo prescrittivo[56] o quanto meno "assertivo"[57]: nel primo

---

53 Per tutte/i, rinvio a L. GIANFORMAGGIO, "Rapporti tra etica e diritto", in EAD, *Filosofia e critica del diritto,* Giappichelli, Torino, 1995, pp. 43-59, alla p. 54 e ss.

54 Per una disamina rinvio a P. PAROLARI, "Stereotipi di genere, discriminazioni contro le donne e vulnerabilità come disempowerment. Riflessioni sul ruolo del diritto", *cit.*, alle p. 97 e ss.

55 Sulla distinzione tra semantica e prammatica rinvio a A. BARATTA, *Ricerche su "essere" e "dover essere". Nell'esperienza normativa e nella scienza del diritto,* Giuffré, Milano, 1968, p. 17 e ss.

56 Soprattutto in ragione del fatto che tutti gli stereotipi producono aspettative in capo ai soggetti, sul punto si vedano le critiche contenute in F. ARENA, "Los estereotipos normativos en la decisión judicial. Una exploración conceptual", *Revista de Derecho de la Universidad Austral de Chile,* vol.29, n.1, 2016, pp.51-75, in https://www.scielo.cl/pdf/revider/v29n1/art03.pdf.

57 A. BARATTA, *Ricerche su "essere" e "dover essere". Nell'esperienza normativa e nella scienza del diritto,* cit., p. 16.

caso esprimendo esplicitamente un dover essere e guidando direttamente il comportamento, nel secondo caso solamente "informando" e influenzando indirettamente la condotta[58]. Tuttavia, nelle prassi, entrambi gli enunciati sembrano convergere quanto a uso "normativo"[59]: difatti, anche quando pretendono di facilitare la comprensione offrendo informazioni standardizzate sull'oggetto cui si riferiscono, gli stereotipi svolgono comunque funzioni di orientamento/determinazione delle forme della soggettività, dando luogo a discriminazioni e assoggettamento. Da qui, due conseguenze.

In primo luogo, l'analisi degli usi degli stereotipi diviene di fondamentale rilevanza al fine di comprenderne le effettive funzioni e le modalità di attivazione. Ciò significa che la discussione teorica sulle classificazioni definitorie è utile se prende in considerazione il fatto che le diverse nature attribuite allo stereotipo mutano nelle prassi e in stretta dipendenza dal tipo di soggetto che vi fa ricorso. Per intenderci: lo stereotipo, quando entra *nel diritto*, assume comunque un significato normativo in ragione dell'uso specifico che ne viene fatto ad opera dei funzionari del diritto (legislatori, giudici, avvocati e così via).

In secondo luogo, lo stereotipo, quando entra *nel diritto*, corrompe e altera il linguaggio giuridico, poiché maschera la prescrizione con l'apparenza di una descrizione, peraltro in chiave "retro-perfomativa"[60].

---

58 Ivi. p. 17.

59 Ibidem.

60 Con "retroperformatività" Judith Butler intende indicare l'atto del linguaggio che cambia il contesto della sua stessa produzione, modificando le condizioni di applicazione che essi sembravano presupporre e dunque scambiando la causa per l'effetto, cfr. J. BUTLER, *Gender Trouble: Feminism and the Subversion of Identity*, Routledge, 2006.

L'incertezza degli stereotipi, come anticipavo, sembra assecondare quella che investe oggi in generale il diritto, anch'esso in balia di "slittamenti" o "cedimenti"[61] tra i diversi piani–essere e dover essere -, e tra i linguaggi che ne conseguono–descrittivi e prescrittivi–. Questa confusione, non nuova per l'esperienza giuridica[62], nella transizione al paradigma neoliberale sembra assumere uno specifico significato, per due ordini di ragioni.

Il primo concerne le odierne trasformazioni della normatività, le quali manifestano una stretta correlazione con la rilevanza attuale dello stereotipo. Questo infatti sembra funzionare come una *norma apparentemente senza sanzione*: il comportamento che impone pare, soprattutto nella sua formulazione contemporanea[63], solamente suggerito, mentre di fatto comporta conseguenze negative per il soggetto che se ne discosta (marginalizzazione, incapacitazione, stigmatizzazione), esattamente nel solco della normatività senza obbligatorietà veicolata dall'ideologia neoliberale.

---

61 Sul nesso esistente tra l'ideologia neoliberale e i "cedimenti linguistici" è interessante quanto sottolineato in A. APPADURAI, *Banking of Words. The Failure of Language in the Age of Derivative Finance,* Chicago University Press, Chicago, 2015; cfr. M. HOLBOROW, *Language and Neoliberalism,* Routledge, 2015.

62 Si tratta in effetti di una confusione che appartiene da sempre all'esperienza giuridica ma che è stata indagata e decostruita soprattutto a partire dalle elaborazioni del giuspositivismo. Sull'evoluzione del linguaggio giuridico e della sua formalizzazione nel passaggio dal diritto premoderno al costituzionalismo si veda ancora L. FERRAJOLI, *Principia iuris. Teoria del diritto e della democrazia. Teoria del diritto,* cit. pp. 847 e ss.

63 In assenza, cioè, di norme giuridiche – classicamente intese – che recepiscono lo stereotipo e lo rendono – classicamente – obbligatorio (si pensi al divieto, a lungo giuridicamente sancito, per le donne – in quanto soggetti presunti irrazionali – di accedere alle professioni legali).

Il secondo ordine di ragioni riguarda la nota svolta pragmatica del diritto[64], in ossequio alla quale il discorso giuridico contemporaneo è schiacciato sulla dimensione del reale e va sempre più perdendo la sua vocazione normativa: non progetta, ma subisce la forza della realtà, qualunque essa sia o, meglio, qualsiasi cosa si spacci per essa[65].

Non è un caso se, allo stato dell'arte, si fatichi ad esempio a qualificare gli eventi e i comportamenti (nuovi) come leciti o illeciti, rinunciando all'utilizzo delle categorie preesistenti[66], ritenendole inefficaci in quanto non più corrispondenti alla realtà. Questa pratica diffusa dà conto della difficoltà odierna del discorso giuridico, che non qualifica, non ordina, ma è chiamato a registrare e sancire lo stato di fatto, il dato reale (o, appunto, qualsiasi cosa si spacci per esso).

Gli stereotipi (soprattutto quelli "nuovi") allora esprimono un'ulteriore funzione (non nuova, ma particolarmente significativa nel passaggio odierno) con riferimento all'accesso alla giustizia: oltre a rafforzare le gerarchie dell'umano, a riconfigurare la soggettività contemporanea, a massimizzare il profitto, diventano uno strumento potente in ordine alla ridefinizione dello stesso linguaggio giuridico, contribuendo appunto a confonderne i piani. Del resto, pensando alla giustizia algoritmica e agli stere-

---

64 J. GILTROW, D. STEIN (eds.), *The Pragmatic Turn in Law: Inference and Interpretation in Legal Discourse,* De Gruyter Mouton, 2017.

65 Non va sottovalutato, a tal riguardo, un altro paradosso contemporaneo, con tutte le ambiguità che ne conseguono: l'attenzione alla realtà diviene centrale per l'elaborazione del diritto nell'epoca della cd. post-verità. Sulla post-verità cfr. L. MCINTYRE, *Post Truth,* MIT Press, 2018).

66 Basti pensare alla crisi della legalità e agli inviti al suo definitivo superamento, ad esempio in P. GROSSI, *Oltre la legalità,* Laterza, Roma-Bari, 2020.

otipi che la reggono, il linguaggio della normatività informatica non è certamente riconducibile a quello tradizionale del diritto, né distingue chiaramente tra piano descrittivo e normativo[67].

Credo sia necessario, pertanto, prestare attenzione alla "retorica" dello stereotipo, nel momento in cui questa cela la pervasività dello stesso e la sua strumentale funzionalità alla transizione in corso. La critica allo stereotipo non può limitarsi solo alla sua tradizionale funzione, così come il tema dell'accesso alla giustizia non deve distogliere l'attenzione dal problema dell'arretramento del tema stesso della giustizia, in senso più ampio e completo, quindi dell'alterità (la condizione), dell'eguaglianza (il parametro) e dei diritti (il *debitum*)[68].

Il rischio altrimenti sta nel dar vita ad una orwelliana neo-lingua giuridica, finalizzata all'attribuzione di parvenze di legittimità a condotte, prassi, regole che un tempo avremmo definito senza problemi come illecite, illegali, illegittime, *ingiuste*.

---

67 Sulla diversa normatività dell'algoritmo cfr. R. PIROSA, "I dilemmi della tecnoregolazione: uno sguardo critico", in TH. CASADEI, S. PIETROPAOLI (a cura di), *Diritto e tecnologie informatiche. Questioni di informatica giuridica, prospettive istituzionali e sfide sociali,* Wolters Kluwer, Milano, 2021, pp. 275-286. Cfr. H. HYDÉN, "AI, Norms, Big Data, and the Law", in *Asian Journal of Law and Society,* 7(3), 2020, pp. 409-436.

68 In merito mi permetto di rinviare a O. GIOLO, "Le trasformazioni della giustizia nello spazio neoliberale. Fuga dall'alterità, dai diritti, dall'eguaglianza". *Ordines. Per un sapere interdisciplinare sulle istituzioni europee,* 1, 2022, pp. 651-662.

La pragmática de los estereotipos y el enmascaramiento de la individualidad. Obstáculos para el acceso a la justicia

FEDERICO JOSÉ ARENA
Universidad Blas Pascal – Conicet (IDEJUS), Argentina

1. INTRODUCCIÓN

Las razones de la evaluación negativa de los estereotipos son numerosas. Desde su incorporación al discurso sobre las actitudes sociales hace más de un siglo, el término "estereotipo" se ha utilizado para referirse a, y manifestar desaprobación respecto de, determinados enunciados que expresan creencias sobre el mundo social[1]. Buena parte de estos motivos se refiere a los diversos daños que el uso de estereotipos provoca en las personas estereotipadas. Daños como, por ejemplo, la imposición de una jerarquía social discriminatoria[2]. Otras razones apuntan a la rigidez y resistencia al cambio de estas creencias, ya que no sólo gozan de inmunidad frente a evidencia contraria, sino también porque el portador del estereotipo (es decir, la persona que lo utiliza) tiende a descartar o distorsionar la eviden-

---

1 Se atribuye al libro de W. LIPPMANN, *Public Opinion,* The Macmillan Company, New York, 1922, el haber introducido, en inglés, el uso del término con su significado actual.

2 E. GHIDONI y D. MORONDO TARAMUNDI, "El papel de los estereotipos en las formas de la desigualdad compleja: algunos apuntes desde la teoría feminista del derecho antidiscriminatorio", *Discusiones,* num. 28(1), 2022, pp. 37-70.

cia recopilada para poder respaldar su estereotipo[3]. Es por ello que desde hace ya varios años existe un amplio consenso acerca de que los estereotipos representan un serio obstáculo para el acceso a la justicia, en todas sus manifestaciones. Ello se expresa en diferentes documentos de órganos internacionales y nacionales, que indican ciertas acciones para garantizar el derecho a acceder a la justicia. Por ejemplo, en la Recomendación General N.º 33/2015, el Comité CEDAW advierte que con frecuencia los procedimientos, la jurisprudencia y las prácticas jurídicas se encuentran basadas en normas y estereotipos que terminan por impedir que las mujeres disfruten plenamente de los derechos reconocidos por la Convención. Sobre la base de estas y otras consideraciones adicionales, el Comité sostiene que "la eliminación de los estereotipos judiciales en los sistemas de justicia es una medida esencial para asegurar la igualdad y la justicia para las víctimas y los supervivientes"[4]. En consecuencia, una de sus recomendaciones, respecto de la calidad de los sistemas de justicia es que, los Estados parte "[a]pliquen mecanismos que garanticen que las normas probatorias, investigaciones y otros procedimientos probatorios jurídicos y cuasi judiciales sean imparciales y no estén influenciados por prejuicios o estereotipos de género"[5]. Además, el Comité recomienda aumentar el diálogo y mejorar las herramientas para comprender los efectos negativos que estereotipos y sesgos de género producen en el sistema de justicia[6].

---

3 K. PUDDIFOOT, *How Stereotypes Deceive Us,* Oxford University Press, Oxford, 2021.

4 Comité CEDAW, Recomendación General Nº 33, 2015, párrafo 28.

5 Comité CEDAW, Recomendación General Nº 33, 2015, párrafo 18 inciso (e).

6 Comité CEDAW, Recomendación General Nº 33, 2015, párrafo 29.

Para hacer frente a los estereotipos se han propuestos diferentes estrategias. Entre ellas, quizás la más extendida es la que consiste en analizar los estereotipos en términos de generalizaciones, ya que funcionan del mismo modo. Así, a partir del ejemplo de las ciencias empíricas y aprovechando los avances de la estadística debería distinguirse entre dos tipos de estereotipos: los que tienen y los que no tienen apoyo estadístico[7]. Ciertamente, el criterio estadístico mejora nuestra comprensión de cómo funcionan los estereotipos, y es por ello que esta estrategia parece haber convencido a buena parte de los juristas. Sin embargo, existe un creciente malestar con algunas de sus aplicaciones[8]. El malestar debe en gran parte su origen a la diversidad de obstáculos que los estereotipos ponen para el acceso a la justicia y que, se sostiene, no son capturados por el criterio estadístico. En este trabajo quisiera concentrarme en dos aspectos de los estereotipos que efectivamente no son capturados por el criterio estadístico. Por un lado, lo que denominaré la pragmática de los estereotipos, es decir, los efectos e implicaturas que se siguen de su uso, cuenten o no con apoyo estadístico, y, por otro lado, el enmascaramiento de la individualidad: utilizar estereotipos para interactuar con una persona significa, incluso cuando tienen apoyo estadístico, no tratarla como un individuo, sino tratarla como un simple miembro de un grupo.

---

7 Véase, entre otros, L. JUSSIM et al., "The Unbearable Accuracy of Stereotypes", en T.D. NELSON (ed.), *Prejudice, Stereotyping and Discrimination,* Psychology Press–Taylor and Francis, New York, 2009, pp. 199-227, para el ámbito de las ciencias empíricas y F. SCHAUER, *Profiles, Probabilities and Stereotypes,* Harvard University Press, Cambridge, Mass., 2003 y K.A. APPIAH, *The Ethics of Identity,* Princeton UP, Princeton, 2005, para el ámbito jurídico.

8 E. GHIDONI y D. MORONDO TARAMUNDI, cit.

Para lograr esta tarea, es fundamental agregar algunos detalles sobre el contenido del criterio estadístico. Ello exigirá, en la siguiente sección (número dos), ofrecer elementos sobre el más amplio papel que desempeñan las generalizaciones (y los estereotipos) en el razonamiento jurídico. Luego, en la sección número tres, me referiré a la pragmática de los estereotipos y las limitaciones del criterio estadístico al respecto. A continuación, la sección número cuatro estará dedicada a precisar en qué consiste el deber de tratar a los demás como individuos, incluso en casos en que el criterio estadístico parece satisfecho. Finalmente cerraré el trabajo con una conclusión.

2. GENERALIZACIONES Y ESTEREOTIPOS EN EL RAZONAMIENTO JURÍDICO

Para comprender el funcionamiento de los estereotipos y el alcance del criterio estadístico, es imprescindible es imprescindible analizar, por un lado, por analizar, por un lado, el vínculo entre categorías, generalizaciones y uso de estereotipos y, por otro, el papel que tienen las generalizaciones en el ámbito jurídico.

Los estereotipos, de hecho, más allá de las diferentes formas en que pueden surgir de dinámicas individuales o sociales, consisten en creencias sobre las características de un grupo y se expresan en enunciados que asocian probabilísticamente la pertenencia a un grupo con la posesión de una o más características específicas.[9] Así, el estereotipo según el cual las mujeres

---

[9] En otro trabajo intenté mostrar que los estereotipos también funcionan de manera normativa. Véase F.J. ARENA, "Los estereotipos normativos en la decisión judicial", *Revista de derecho de la Universidad Austral de Chile*, num. 29(1), 2016, pp. 51-75. Volveré sobre este punto más adelante.

son emocionales, o el estereotipo según el cual los sudamericanos son holgazanes, son creencias que se expresan en oraciones de la forma "Los miembros del grupo A tienen la característica B"[10]. En el primer ejemplo, el estereotipo establece que, en general, quienes pertenecen al grupo identificado por la característica de ser mujer tienen la característica de ser emocionales. En el segundo ejemplo, el estereotipo establece que, en general, quienes pertenecen al grupo identificado por la característica de ser sudamericano poseen la característica de ser holgazanes. Los enunciados de este tipo son generalizaciones, al igual que enunciados como "Los alimentos etiquetados como 'sin gluten' no contienen gluten". Según este enunciado, el grupo de alimentos identificados por la característica de tener la etiqueta "Sin gluten" tiene la característica de no contener gluten. Enunciados de este tipo aparecen con frecuencia en contextos de argumentación y razonamientos jurídicos.

En primer lugar, las normas jurídicas no regulan el comportamiento de personas o acciones específicas y concretas, sino que asocian una solución normativa con una clase de casos identificados, en parte, con referencia a una categoría de personas. De hecho, las normas generales funcionan seleccionando ciertas características del mundo (propiedades relevantes) que, a través de la generalización, se consideran adecuadamente relacionadas con la finalidad o el valor que la norma pretende lograr. Un ejemplo del derecho argentino servirá

---

10 Por lo general, los estereotipos se asocian con estados mentales doxásticos. Por ejemplo, generalmente se definen como "creencias sobre las características de grupos de personas", C. STANGOR (ed.), *Stereotypes and Prejudice*, Psychology Press, Philadelphia, 2000, p. 1, o "conjuntos de creencias sobre las características de un grupo social" L. JUSSIM et al., cit., p. 201 -las traducciones son mías-. No es necesario en este texto entrar en el debate sobre si este es el tipo correcto de estado mental.

para ilustrar este punto. En el caso Schiffrin, la Corte Suprema debió decidir sobre la legitimidad constitucional de la norma expresada por el artículo 99, inciso 4, de la Constitución, introducido por la Reforma de 1994.[11] Este artículo impone a los jueces federales que hayan cumplido 75 años, la obligación de jubilarse o, alternativamente, solicitar al Senado un nuevo nombramiento. Se trata, como advierte la Corte Suprema, de una norma ("si un juez tiene 75 años, entonces es obligatoria la jubilación o el nuevo nombramiento, previo acuerdo del Senado"), que se basa en una generalización, que puede muy bien considerarse un estereotipo, respecto de las características de una categoría de personas definida en función de la edad: "es probable que quienes pertenecen a la categoría de jueces que han cumplido 75 años también pertenezcan a la categoría de personas que han comenzado a perder su capacidad para cubrir el cargo de juez". Si la generalización fuera falsa, entonces se daría un trato diferente a determinados jueces, los que han cumplido 75 años, cuando en realidad no tienen ninguna diferencia relevante respecto a los que aún no han cumplido esa edad. Se afectaría la igualdad formal. Además, la norma no sería adecuada para lograr su finalidad, ya que la jubilación impuesta a los jueces mayores de 75 años no tendría relación con el objetivo de garantizar la correcta prestación del servicio de justicia. Por el contrario, si, como supone la Corte, la generalización tiene sustento estadístico, entonces la norma general respeta las exigencias de igualdad, ya que si efectivamente los jueces mayores de 75 años tienden a perder sus capacidades, entonces exigirles la jubilación a ellos y no a los menores de

---

11 CSJN, *Schiffrin*, 28/03/2017, *Fallos* 159/2012 (48-S). Los detalles de los argumentos esgrimidos contra la constitucionalidad no son relevantes aquí. En todo caso, la sentencia es conocida porque en ella la Corte revoca expresamente lo decidido previamente en el caso *Fayt* (CSJN, Fayt, 19/08/1999, Sentencias 322:1616).

75 años es una distinción legal basada en una diferencia que realmente existe. Además, la norma es adecuada para lograr su finalidad, ya que existe una conexión entre la jubilación exigida a los jueces y la posibilidad de garantizar un correcto servicio de justicia.

En segundo lugar, las generalizaciones también juegan un papel fundamental en el razonamiento probatorio, donde actúan como eslabón entre los elementos probatorios y los enunciados a probar, es decir, entre la prueba y los enunciados que describen los hechos a probar. Consideremos, por ejemplo, la afirmación "El acusado estaba dentro de la casa cuando ocurrió el asesinato a las 16:00 horas". La inferencia en apoyo de este enunciado se puede construir a partir de los elementos de prueba: "El testigo A afirma que vio entrar al acusado a las 15.50 horas" y "El testigo B afirma que vio salir al acusado a las 16.10 horas", y la generalización, "Las personas quienes visitan un lugar permanecen allí por un tiempo determinado"[12]. Es precisamente bajo esta apariencia de generalizaciones que los estereotipos pueden introducirse en el razonamiento que el juez construye para evaluar las diferentes pruebas producidas en un caso. Por ejemplo, un tribunal de apelación italiano absolvió al acusado de un delito de violencia sexual tan pronto como consideró que el testimonio de la víctima no era creíble basándose en el siguiente razonamiento: "Desde esta perspectiva, la necesidad, que surgió por la mañana [después del hecho], de consultar urgentemente a una ginecóloga por las consecuencias de la actividad sexual del día anterior, podría ofrecerle a la [denunciante] la oportunidad de atribuir esas consecuencias a la violencia sexual. De esta manera la [denun-

---

12 El ejemplo es una reformulación del propuesto por T. ANDERSON, D. SCHUM, y W. TWINING, *Análisis de la prueba,* Marcial Pons, Madrid, 2015, p. 131-132.

ciante, una 'mujer no muy joven'] podría asegurarse de no poner en peligro su reputación, especialmente ante la ginecóloga que la conocía bien."[13] En este caso, ante el elemento de prueba "Visita a ginecóloga por consecuencias de la actividad sexual", y sobre la base del estereotipo "Las mujeres 'no muy jóvenes' están preocupadas por su reputación sexual", el Tribunal concluyó que la denunciante mintió sobre el carácter no consentido de la actividad sexual.

Sin embargo, el hecho de que las generalizaciones aparezcan con frecuencia en el razonamiento jurídico no significa que su uso se encuentre siempre justificado. Para distinguir, al menos en principio, entre usos legítimos e ilegítimos se suele utilizar el criterio estadístico. El tipo de información necesaria para corroborar los estereotipos, en tanto funcionan como generalizaciones, es la información estadística, que permitirá distinguir entre aquellos que son sostenibles, que tienen apoyo estadístico, y aquellos que no tienen apoyo estadístico. Respecto a este último punto, es importante distinguir entre dos acepciones de "falta de apoyo estadístico". En un sentido fuerte, esa expresión significa que existen datos estadísticos que refutan el estereotipo. Cuando carecen de apoyo estadístico en sentido fuerte, los estereotipos atribuyen a los miembros de un grupo una característica que no poseen y, por tanto, deben ser abandonados porque implican una falsa representación de un grupo, por lo que los llamaré estereotipos falsos. En sentido débil, la expresión significa que no se dispone de datos estadís-

13 Respecto de este caso, en la decisión 148/2019, el Comité CEDAW recomendó que el Estado italiano "desarrolle, aplique y supervise estrategias para eliminar los estereotipos de género en casos de violencia de género que incluyan: resaltar el daño causado por los estereotipos de género judicial a través de pruebas basadas en evidencia investigación [...], seguimiento de precedentes y tendencias del razonamiento judicial".

ticos para evaluar el estereotipo y que, por tanto, no es posible establecer si es verdadero o falso, correcto o incorrecto. Utilizaré el término insostenible para referirme a este sentido débil pero igualmente relevante de falta de apoyo estadístico.

El criterio estadístico permite advertir por qué, al menos en principio, el uso de la generalización está justificado en el caso de la norma sobre la edad de jubilación de los jueces argentinos y por qué no está justificado en el caso de la valoración del testimonio de la víctima por parte del Tribunal de Apelación italiano. En el primer caso, si aceptamos lo señalado por la Corte Suprema argentina, tenemos datos sobre la relación entre la edad y la pérdida de determinadas capacidades. En cuanto al segundo ejemplo, no existe información estadística, el estereotipo es más bien una mera generalización de sentido común de los jueces, desprovista de evidencia empírica y, por tanto, es como mínimo insostenible.

Ahora bien, cumplir o no el criterio estadístico no es el final de la historia en lo que respecta a la evaluación de estereotipos. Es cierto que la generalización sobre la relación entre la etiqueta "Sin gluten" y la falta de gluten, al tener respaldo estadístico, aumenta la posibilidad de acertar en el caso individual, en el sentido de que al elegir un producto con la etiqueta es muy probable que se elija un producto sin gluten. Igualmente, las generalizaciones sobre la edad y las capacidades de los jueces, siempre que tengan respaldo estadístico, aumentan la probabilidad de acertar sobre las capacidades de un juez individual. Sin embargo, aunque la generalización pueda tener una base estadística, todavía es posible que haya jueces que, habiendo cumplido 75 años, conserven la capacidad para ejercer el cargo. Además, la sostenibilidad de la generalización también es compatible con la posibilidad de que haya jueces que pierdan estas capacidades antes de cumplir los 75 años. De este modo, las generalizaciones son inevitablemente demasiado y poco inclusivas. Dado que la norma se relaciona con su finalidad a través de la generalización, estos defectos se trasladarán también a la norma: incluirá casos que la justificación no requiere incluir (sobreinclusión), y no incluirá casos que la justificación requiere incluir (subinclusión)[14]. En otras palabras, la aplicación de la consecuencia normativa ("obligatorio jubilarse u obtener nuevo nombramiento por parte del Senado") en todos los casos en que se cumpla el antecedente ("jueces mayores de 75 años"), implicará inevitablemente que en algunos casos la justificación no quedará satisfecha. Habrá jueces mayores de 75 años, que conservan sus capacidades, pero que deberán jubilarse o solicitar nuevo nombramiento; y habrá jueces menores de 75 años, que han comenzado a perder sus capacidades, pero que de todos modos podrán continuar desempeñando el cargo sin sufrir los inconvenientes de decidir entre jubilación o nuevo nombramiento.

Finalmente, es posible que, contrariamente al estereotipo utilizado por los jueces del caso italiano, algunas generalizaciones sobre el comportamiento de las víctimas de violencia sexual estén respaldadas por investigaciones empíricas realizadas por la psicología u otras ciencias cognitivas y que, sin embargo, algunas víctimas se comporten de manera diferente a como informan esas generalizaciones. Entonces, en este caso, considerar, a partir de una generalización con sustento estadístico, que una persona que se comporta diferente no es víctima de violencia sexual, nos llevaría, al igual que la generalización sin fundamento estadístico, a cometer un error al determinar los hechos individuales.

---

14 F. SCHAUER, *Las reglas en juego. Un examen filosófico de la toma de decisiones basada en reglas en el derecho y en la vida cotidiana*, Marcial Pons, Madrid, 2004, p. 89-92.

Estas dificultades, presentes incluso en los casos en que un estereotipo tiene respaldo estadístico, dan lugar a diversas críticas. Aquí, como adelanté, me concentraré en dos de ellas. La primera señala que si bien los estereotipos pueden ser contrastados con los hechos, ello no debe desviar nuestra atención de otros efectos de su uso. El análisis debe incluir también, o al menos no debe descuidar, el hecho que producen varios efectos más allá de si son usados para describir un grupo. Estos efectos son los que denomino pragmática de los estereotipos y un abordaje de los estereotipos que se limite al criterio estadístico no logra capturarlos. La segunda crítica indica que resulta difícil para los portadores de estereotipos revisar o abandonar las categorías previas y concentrarse en la información menos genérica que puedan obtener mediante una interacción directa con la persona en cuestión. Por ejemplo, en ciertos barrios, las personas tienden a cruzar la calle y cambiar de vereda, cuando ven que se acerca alguien que, en virtud de su apariencia, asumen pertenece a una categoría peligrosa[15]. Si bien los estereotipos que cuentan con apoyo estadístico ofrecen información acerca del grupo, esa información no debería desplazar automáticamente la información que puede obtenerse de manera individual. Es decir, si tenemos información individual de calidad y suficiente, deberíamos apoyar nuestra atribución de rasgos a esa persona exclusivamente en esa información individual. Dicho con otras palabras, deberíamos tratar a esa persona como un individuo. Me ocupo de estas dos críticas en las secciones siguientes.

---

15 Tomo el ejemplo de los relatos de un joven negro, estudiante de psicología, sobre sus caminatas por las calles de Chicago, en Estados Unidos. Véase C.M. STEELE, *Whistling Vivaldi. How Stereotypes Affect Us and What We Can Do,* W.W. Norton & Co., New York, 2010, p. 6-7.

3. LA PRAGMÁTICA DE LOS ESTEREOTIPOS

Un enfoque sobre la estereotipación que se limite al criterio estadístico no captura adecuadamente el hecho que los estereotipos producen varios efectos más allá de que, si vistos de cerca, funcionan como generalizaciones.

En primer lugar, suele ser el caso que a partir de un estereotipo se construya una norma. Por ejemplo, a partir de la insistencia en el estereotipo según el cual las mujeres poseen ciertas capacidades y talentos que las vuelven más aptas para los trabajos hogareños, se construye imperceptiblemente la exigencia de que si son madres deben ser también amas de casa. La génesis de esa norma se produce independientemente del apoyo estadístico que tenga el estereotipo[16]. En segundo lugar, es probable que la sostenibilidad de un estereotipo se deba al efecto de la persistencia de una norma. Por ejemplo, si existe la norma según la cual las profesiones militares corresponden a los hombres, es probable que ello conduzca a que, de hecho, las mujeres no emprendan esa carrera y, por lo tanto, que sea sostenible el estereotipo según el cual las mujeres no optan por la carrera militar. La expresión "pragmática de los estereotipos" pretende capturar esas funciones y efectos contextuales e implícitos de la estereotipación. Estas funciones y efectos pueden producirse simplemente a través del lenguaje usado para expresar estereotipos o también mediante la inserción de la estereotipación en un contexto de interacción social más amplio. Al concentrarse únicamente en la posibilidad de que sean verdaderos o falsos, sostenibles o insostenibles, correctos o incorrectos, se pierde de vista este cuadro más complejo de

---

16 En F.J. ARENA, cit., he propuesto argumentos para mostrar que esas normas también entran dentro del alcance del significado del término estereotipo.

las cosas que se hacen y + los efectos que se producen al estereotipar y las funciones que pueden asumir los estereotipos. Un efecto adicional de este tipo, y vinculado con los anteriores, es la confusión entre certeza, verosimilitud y verdad respecto de los rasgos atribuidos a los miembros de un grupo. Desde un punto de vista epistemológico suele distinguirse entre, primero, que un evento se produzca con cierta regularidad (lo que suele ser denominado verosimilitud de ese evento); segundo, que un sujeto se encuentre en un estado mental en virtud del cual está convencido del acaecimiento de ese evento (lo que suele ser denominado certeza); y, tercero, que ese evento haya efectivamente acaecido (en cuyo caso se afirma que el enunciado que lo describe es verdadero) [17]. Pues bien, los estereotipos, incluso aquellos que poseen apoyo estadístico, suelen tener como efecto que los portadores confundan estas tres cosas. Es decir, suelen asumir como verdadero lo que creen verosímil y como resultado confunden certeza con verdad, despreocupándose por la veracidad de sus afirmaciones y, por lo tanto, dejando de controlar que el enunciado que profieren sea el resultado de un procedimiento adecuado para el descubrimiento de la verdad.

Un abordaje completo de los estereotipos debe también tener en cuenta que un rasgo general de nuestro lenguaje es que ofrece un amplio abanico de cosas que podemos hacer con él. Los filósofos del lenguaje han intentado capturar mediante categorías analíticas esas diferentes funciones, procurando introducir distinciones para entender mejor cómo es que el

---

[17] Véase el capítulo 3 de M. TARUFFO, *Simplemente la verdad,* Marcial Pons, Madrid, 2010 para una presentación de la diferencia entre verdad-certeza-verosimilitud.

lenguaje nos permite hacer cada una de esas cosas[18]. Obviamente, como es de temer, no existe acuerdo acerca de cuál es el mejor modo de llevar a cabo ese análisis. Aquí no entraré en los detalles de esa discusión, me limitaré a señalar las distinciones y herramientas que tomo de ese debate para elaborar la noción de pragmática de los estereotipos.

Muchas veces la forma superficial de un enunciado no alcanza para determinar qué es lo que se pretende hacer o se hace con él. Ello es así puesto que lo que podemos hacer con el lenguaje lo podemos hacer de manera explícita o mediante implicaturas, es decir, implícitamente. Hacerlo de manera explícita consiste en apoyarse en convenciones lingüísticas estables que vinculan ciertos enunciados (o cualquier fragmento del lenguaje) con determinados usos o significados. Hacerlo mediante implicaturas consiste en explotar esas convenciones para, aprovechando el contexto, comunicar algo diferente de lo que comunican de manera estable esas convenciones. Por ejemplo, frente a la pregunta "¿Es aburrida la fiesta?", puedo responder, explícitamente, "Sí, nadie está divirtiéndose", o implícitamente "Bueno, varios invitados ya se han ido"[19]. A veces,

---

18 El texto clásico donde esta idea está expuesta con elegancia es el libro de John Langshaw Austin, *How to Do Things with Words* (Traducción al español: J.L. AUSTIN, *Cómo hacer cosas con palabras*, Paidós, Buenos Aires, 1981 [1962]).

19 H.P. GRICE, *Studies in the Way of Words*, Harvard University Press, Cambridge, 1989. La determinación de la implicatura conversacional exige tener en cuenta: (i) El significado convencional de la expresión junto a la identificación de las referencias involucradas. (ii) El principio de cooperación y las máximas. (iii) El contexto, lingüístico y otros, de la expresión. (iv) Otros ítems de conocimiento de *background*. (v) El hecho que los ítems referidos de 1 a 4 se encuentren disponibles para ambos participantes y se presume que ambos los conocen. H.P. GRICE, cit., p. 31. Además, las implicaturas

este modo de explotar las convenciones se ha vuelto tan común, que la implicatura se transforma también en una forma explícita de comunicar algo. Así, una cosa es usar el enunciado "Empezó el noticiero" para comunicar explícitamente el inicio de ese programa, y otra cosa es usarlo para implicar qué hora es en un contexto en el que el hablante y el interlocutor conocen la grilla de la televisión. Dado que indicar el inicio de algo se ha vuelto común para comunicar la hora, en un contexto donde alguien ha preguntado "¿Qué hora es?", podemos decir que la respuesta "Empezó el noticiero" se ha vuelto ya un modo explícito de comunicar la hora (además, claro, de que ha iniciado el programa)[20].

Esta distinción entre convenciones e implicaturas es importante para advertir que también los enunciados a través de los cuales se expresan los estereotipos pueden ser usados para hacer una gran variedad de cosas, incluso al mismo tiempo, explotando las convenciones lingüísticas y las posibilidades que ofrecen las implicaturas. Un ejemplo bastante frecuente de este tipo de fenómeno es lo que Miranda Fricker denomina "cumplido hiriente", es decir, supuestos elogios que vehiculan como implicatura una valoración negativa. Los estereotipos también son usados para esto:

El estereotipo de que las mujeres son intuitivas es un ejemplo pertinente. En los contextos donde se supone que "intuitivo" evoca irracionalidad, el estereotipo es despectivo; pero en los contextos donde la intuición se considera un activo

---

conversacionales poseen dos características: Son cancelables y *non detachable*. S. SOAMES, *Philosophical Analysis in the Twentieth Century*, Princeton University Press, Princeton, 2003, p. 200-210.

20 Por supuesto, esto podría describirse como una nueva convención y, por lo tanto, no ya como una implicatura. Pero como adelanté, no pretendo ingresar aquí en discusiones de filosofía del lenguaje.

cognitivo, el estereotipo es elogioso. También puede haber contextos en los que operen en cierto modo ambas valencias, la positiva y la negativa[21].

Los estereotipos pueden también ser usados para expresar emociones, tales como el odio o el rechazo a grupos diferentes al propio, o como la frustración y el enojo frente a grupos que logran conseguir lo que el propio no, o como el apego a los rasgos del propio grupo, entre muchas otras. Igualmente, un enunciado que expresa un estereotipo puede ser usado, tanto con la pretensión de describir como con la pretensión de imponer un comportamiento. Incluso muchas veces hacemos las tres cosas al mismo tiempo, usando el mismo enunciado. El empresario de transporte que afirma: "¡Las mujeres no conducen autobuses!" está, probablemente, haciendo todas estas cosas juntas. Expresando sus emociones machistas, intentando describir un estado de cosas (la ausencia de mujeres entre los choferes de autobuses) y también procurando imponerles un rol, indicándoles que esa ocupación no es cosa de ellas.

Además de estos efectos a nivel del lenguaje, los estereotipos suelen producir diferentes efectos en el más amplio ámbito de las interacciones sociales. Por ejemplo, un conjunto de estudios referidos a los efectos perjudiciales de los estereotipos, que se producen incluso cuando son sostenibles, ha demostrado la existencia de un tipo de reacción, que suele producirse en los destinatarios, denominada "amenaza de estereotipo". Según Claude Steele, cuando una persona se percibe como destinataria de un estereotipo, su comportamiento se ve inevitablemente afectado, por lo general de manera negativa y, en buena parte de los casos, ello produce que el

---

21 M. FRICKER, *Injusticia epistémica,* Herder, Barcelona, 2017 [2007], p. 63.

estereotipo, ya sea sostenible o no, resulte finalmente confirmado[22]. Steele sostiene que las personas, en virtud de su identidad en cuanto miembros de un grupo, están expuestas a ciertas contingencias, entre ellas, el hecho de ser estereotipadas, algo que funciona como si tuvieran una nube negra sobre sus cabezas[23]. Por ejemplo, Elizabeth Anderson relata una de entre muchas situaciones de este tipo. Anderson cuenta que, una noche de 2007, mientras conducía su auto se encendió la luz del medidor de aceite, por lo que se detuvo en la primera estación de servicio que encontró. Al bajarse del auto, un hombre joven, negro, se acercó y mientras se dirigía a ella levantó los brazos, mostrando la palma de las manos y dijo: "No te preocupes, no te voy a asaltar, quería saber si necesitas ayuda"[24]. La nube negra sobre esa persona, su contingencia, era la de joven negro-proclive a la violencia, se trata de una contingencia a la que está sometido en virtud de su pertenencia a un grupo. El joven ideó ese recurso para alejar

---

22 C.M. STEELE, cit.. La tesis de la amenaza de estereotipos "se concentra en un malestar (*predicament*) psicológico que suele ser provocado por estereotipos negativos acerca del propio grupo y ampliamente difundidos. Se trata de lo siguiente: la existencia de ese estereotipo implica que cualquier cosa una haga o cualquiera sean los propios rasgos que se ajustan al estereotipo lo vuelven a este último más plausible como auto-caracterización frente a los ojos de los demás y, quizás, también frente a nuestros propios ojos" C.M. STEELE y J. ARONSON, "Stereotype Threat and the Intellectual Test Performance of African Americans", en C. STANGOR (ed.), *Stereotypes and Prejudice*, Taylor & Francis, Philadelphia, 2000, pp. 369-399, en p. 369.

23 Una contingencia es, a su vez, lo que define si, dentro de un cierto contexto, un comportamiento resulta premiado o castigado, determinando así nuestras elecciones, C.M. STEELE, cit., p. 68.

24 E.S. ANDERSON, *The Imperative of Integration*, Princeton University Press, Princeton, 2010, p. 53.

la nube, es decir, para desactivar el estereotipo en la mente de sus portadores y aliviar la tensión en la interacción[25]. Sin embargo, existen otros contextos, donde evitar la amenaza no es sencillo y, en virtud de esa dificultad, el estereotipo termina confirmándose. En las investigaciones del propio Steele, tendientes a medir ese efecto, se dividía en dos subgrupos a personas pertenecientes a un mismo grupo estereotipado y se les asignaba la misma tarea. A uno de los subgrupos se le decía que el experimento buscaba comparar su rendimiento frente a otro grupo, no estereotipado, considerado mejor en esa tarea. En uno de esos experimentos, llevados a cabo en la Universidad de Michigan, se reunió un grupo de mujeres y otro de varones, ambos conformados por personas con buenos resultados en matemática. Al grupo de mujeres se lo dividió en dos y a los tres grupos se les dio el mismo examen, difícil, de matemática. La diferencia fue que a uno solo de los subgrupos de mujeres se le indicó que el examen buscaba medir ciertas diferencias de género respecto de las matemáticas. La nube sobre las cabezas de las integrantes de ese subgrupo era el difundido estereotipo según el cual las mujeres rinden peor que los varones en esas ciencias. El resultado del experimento confirmó las sospechas de que ese estereotipo funcionaba como una amenaza. Las mujeres en el grupo al que le comunicaron la cuestión de género rindieron mucho peor que las otras. Asimismo, las mujeres pertenecientes al subgrupo no "amenazado" rindieron de manera similar al grupo de varones[26]. Estos experimentos fueron luego replicados respecto de otras capacidades y res-

---

25 C.M. STEELE, cit., p. 6-7.

26 S.J. SPENCER, C.M. STEELE, y D.M. QUINN, "Stereotype Threat and Women's Math Performance", *Journal of Experimental Social Psychology,* num. 35, 1999, pp. 4-28.

pecto de otros grupos (habilidades atléticas de estudiantes blancos, habilidades para el golf de estudiantes negros, rendimiento académico de estudiantes negros), dando resultados similares. Un punto importante para tener en cuenta es que la amenaza puede incidir incluso sin que, a diferencia de estos experimentos, se explicite el estereotipo, pues tratándose de un estereotipo difundido, su incidencia se produce inevitablemente. Por ejemplo, un grupo de investigadoras procuró analizar si estereotipos sociales que asocian la matemática con lo masculino ("las niñas no son buenas para la matemática"), y que se encuentran ampliamente difundidos en la sociedad chilena, tienen incidencia en el rendimiento de las estudiantes en las pruebas PISA[27] y en el examen de selección universitaria. En ambos casos, los hombres logran en general mejores puntajes en matemática que las mujeres. Para medir su incidencia, la investigación se concentró en identificar los estereotipos implícita o explícitamente sostenidos por padres, profesores y niños y niñas que frecuentan el jardín de infantes[28].

---

27 Las pruebas PISA (siglas en inglés que están por "Programa para la Evaluación Internacional de Alumnos") son administradas por la Organización para la Cooperación y el Desarrollo Económicos (OCDE) y según información de la misma organización están destinadas a examinar el rendimiento de alumnos de 15 años en áreas temáticas (lectura, matemáticas y ciencias), con el objeto de evaluar hasta qué punto los alumnos cercanos al final de la educación obligatoria han adquirido ciertos conocimientos y habilidades. Las pruebas PISA son aplicadas cada tres años en los países miembros y en otros asociados.

28 M.F. DEL RÍO, K. STRASSER, y M.I. SUSPERREGUY, "¿Son las habilidades matemáticas un asunto de género? Los estereotipos de género acerca de las matemáticas en niños y niñas de kínder, sus familias y educadoras", *Calidad en la educación,* num. 45, 2016, pp. 20-53.

Con estas consideraciones llegamos a un punto importante del recorrido que propuse en la introducción. Si bien, el criterio estadístico tiene su rendimiento, concentrarse únicamente en la distinción entre estereotipos sostenibles e insostenibles, según tengan o carezcan de apoyo estadístico, no logra capturar todo lo que hay de problemático en ese fenómeno. No solo porque se corre el riesgo de ser víctimas de un exagerado optimismo estadístico, sino porque, y, sobre todo, quedarían fuera del abordaje aspectos importantes relacionados con la pragmática de los estereotipos. Hasta aquí he mencionado solo dos, las implicaturas lingüísticas y el efecto "amenaza de estereotipo". Limitarse a constatar si un estereotipo es sostenible precluye la investigación acerca de este tipo de efectos, ya que la sostenibilidad estadística es compatible con ambos.

Una debilidad ulterior de un enfoque reducido al criterio estadístico es el enmascaramiento de la individualidad. A este punto está dedicada la sección siguiente.

4. EL ENMASCARAMIENTO DE LA INDIVIDUALIDAD

Uno de los obstáculos principales que los estereotipos ponen para el acceso a la justicia es que las personas estereotipadas no son reconocidas en su individualidad. Como señala Alexandra Timmer, "a través de los estereotipos de género, hombres y mujeres no son vistos como individuos, sino juzgados en función de su pertenencia a un género u otro".[29] En el mismo sentido, Lawrence Blum afirma que:

[29] A. TIMMER, "Toward an Anti-Stereotyping Approach for the European Court of Human Rights", *Human Rights Law Review,* num. 11(4), 2011, pp. 707-738, en p. 715, la traducción es mía.

con los estereotipos vemos a los miembros individuales a través de la lente estrecha y rígida de nuestra imagen grupal, en lugar de estar atentos a la amplia variedad de características que componen a cada miembro, como un individuo específico. Independientemente del estereotipo concreto que podamos tener de un grupo, todos los estereotipos implican este enmascaramiento de la individualidad.[30]

Según esta crítica, por tanto, utilizar un estereotipo para atribuir determinadas características a una persona y, en base a ello, interactuar con ella, implica vulnerar el deber de tratar a otras personas como individuos. Sin embargo, no ha sido fácil determinar cuál es el contenido de este deber. Al menos dos puntos suelen ser inexactos. Por un lado, no siempre está claro si se trata de una exigencia epistémica o moral. Si la exigencia es exclusivamente epistémica, significa que tenemos motivos para tratar a alguien como un individuo y, por tanto, no utilizar un estereotipo, porque esto nos permite identificar con mayor precisión sus características individuales. Sin embargo, si la exigencia es moral, entonces el deber de tratar a alguien como individuo surgirá incluso en aquellos casos en los que el uso de un estereotipo puede producir beneficios epistémicos, aumentando la probabilidad de conocer las características individuales de una persona. Es decir, el deber estará presente incluso si razones epistémicas recomendaran no preocuparse por recabar información individualizada cuando la información que transmite el estereotipo es precisa. La distinción es central, porque aunque la versión epistémica y la versión moral a menudo producirán resultados convergentes, no será así en todos los casos. Por otra parte, no siempre está claro qué signi-

30 L. BLUM, "Stereotypes and Stereotyping: A Moral Analysis", *Philosophical Papers,* num. 33(3), 2004, pp. 251-289, en p. 271, la traducción es mía.

fica tratar a alguien como individuo. Algunos autores sostienen que lo que llamamos tratamiento individualizado no es más que una forma oblicua de referirse a una información sustentada en otras generalizaciones distintas al estereotipo. En ese sentido, no habría información individual independiente de las generalizaciones y, por lo tanto, la obligación de tratar a los demás como individuos, si eso equivale a dejar de lado todas las generalizaciones, no tendría sentido. El punto es importante porque la posibilidad misma de cumplir con el deber, ya sea epistémico o moral, depende de la posibilidad de distinguir entre tratar a alguien sobre la base de un estereotipo y tratar a alguien como un individuo.

Además, como el mismo Blum reconoce, que los estereotipos produzcan este daño no quiere todavía decir que tratar a los demás como individuos sea siempre un deber. Incluso, en ciertas circunstancias, puede existir el deber opuesto de tratar a los demás como miembros de un grupo.

En definitiva, se impone entonces dilucidar en qué consiste tratar a una persona como un individuo y no como mero integrante de un grupo. La formulación más extendida de la exigencia es que tratar a una persona como un individuo consiste en tratarla de acuerdo con la información no apoyada en generalizaciones. Este modo de entender el reclamo aparece en el conocido caso Bakke, resuelto por la Corte Suprema de Estados Unidos[31]. En ese caso, famoso entre los estudiosos de discriminación positiva, un hombre blanco, de treinta y tres años de edad, que postulaba para ingresar a la Escuela de Medicina cuestionaba el régimen de ingreso establecido por la Universidad de California en Davis. De acuerdo con ese régimen, la Escuela reservaba dieciséis cupos, de un total de cien,

---

31 Regents of Univ. of California v. Bakke, 438 U.S. 265 (1978).

para ingresantes de raza negra. La finalidad inmediata de esas medidas era aumentar el número de médicos negros y, de ese modo, modificar a largo plazo las expectativas respecto de las posibilidades laborales de personas de la misma raza. Tales finalidades se fundamentaban en que el bajo número de médicos negros se debía a una larga historia de discriminación, lo cual impedía abastecer adecuadamente la demanda de atención médica por parte de personas de esa raza. Bakke, el recurrente, se oponía a ese cupo sosteniendo que al rechazarle su solicitud de ingreso se le había negado una oportunidad en virtud de su raza, ya que, de haber sido negro, con esas mismas calificaciones habría sido admitido. La Corte Suprema de Estados Unidos resolvió el caso a través de una decisión dividida que generó controversia. Tanto es así que no resultaba claro cuál era la regla fijada por ese precedente. Ello se debió, por un lado, a que los votos individuales conformaban una mayoría solo si se los combinaba de cierta manera y, por otro lado, a que la distinción que la Corte hizo entre sistemas de ingreso universitario legítimos e ilegítimos fue objeto de críticas. Los dos sistemas de ingreso analizados en el caso fueron, primero, el modelo Harvard, considerado legítimo, donde la raza era tenida en cuenta como un factor positivo, entre otros, al momento de evaluar solicitudes de ingreso. Segundo, el modelo California, considerado ilegítimo, que imponía cupos sobre esa misma base. Uno de los argumentos esgrimidos por el juez Powell (quien, en definitiva, termina inclinando la balanza a favor de la solución híbrida de la Corte) fue que Bakke tenía derecho a ser juzgado o evaluado como un "individuo" y no en cuanto miembro de un grupo. Es decir, que tenía derecho a ser tratado sobre la base de sus calificaciones personales, y no como mero miembro de un grupo, en virtud de su color de piel. Sobre esta base, la decisión de la Corte fue exigir a la Universidad de California que admitiera a Bakke, ya que consideró ilegítimo el sistema basado en cupos por raza.

La cuestión que interesa aquí es cuál es la diferencia entre los dos sistemas o modelos que permite afirmar que uno es legítimo y el otro no. No puede ser que en uno la decisión de ingreso se apoya en generalizaciones mientras que en el otro no. El problema con esta respuesta es que, tal como señaló Ronald Dworkin al comentar el fallo, todo proceso de admisión tiene necesariamente que basarse en generalizaciones, por lo que inevitablemente tratará a las personas evaluadas como miembros de un grupo. Por ejemplo, considérese los sistemas que solamente consideran a quienes obtuvieron en la escuela secundaria un promedio superior a la media. En este caso, las personas que no obtuvieron ese promedio son tratadas como miembros de un grupo, independientemente de que posean cualidades que, a pesar de ese promedio, las podrían convertir en buenos médicos. Incluso el mismo Bakke fue rechazado en otras dos escuelas de medicina en virtud de su edad. Por lo que, si ninguna de esas generalizaciones es violatoria del derecho a ser tratado como un individuo, entonces tampoco lo debería ser la que lo trata como miembro de la raza blanca[32]. Además, tanto el sistema de cupos, de la Universidad de California, como el de factores, de la Universidad de Harvard, son en realidad diferentes modos de poner en funcionamiento una misma clasificación basada en la raza. Y ello es así, argumenta Dworkin, pues en ambos casos el candidato blanco ve sus oportunidades reducidas de un modo en que no lo vería si su raza fuera negra[33].

---

32 R. DWORKIN, *A Matter of Principle,* Harvard University Press, Cambridge (Mass.), 1985, p. 299-300. Dworkin sostiene que el verdadero principio en discusión es que nadie debe sufrir por ser miembro de un grupo que es considerado merecedor de menos respeto que otros grupos.

33 R. DWORKIN, cit., p. 311.

Resumiendo, tenemos la intuición que, en ciertos casos, existe el deber de tratar a los demás como individuos y no como miembros de un grupo, por ejemplo, al momento de decidir la admisión a una carrera universitaria. Según el juez Powell, satisfacer esa exigencia implica tratar a las personas a partir de sus cualidades individuales o, en todo caso, darles la oportunidad de mostrar que no satisfacen la generalización. Algo que no hacemos cuando la decisión de admisión depende de la raza de quien solicita el ingreso. La objeción de Dworkin es que esa caracterización de la exigencia no puede ser correcta, porque hay sistemas de admisión que consideramos correctos y que no tratan de ese modo a quienes solicitan el ingreso. Como, por ejemplo, aquellos basados en la edad o el promedio de calificaciones. Ello implica que, o bien lo que está mal con esas decisiones no es que no cumplen con la exigencia de tratar a los demás como individuos, o bien que la exigencia de tratar a los demás como individuos no puede equivaler a la exigencia de no tratarlos sobre la base de generalizaciones.

Este ejemplo, desde mi punto de vista, nos permite dar algunos pasos adelante en la definición de los contornos de la exigencia, aunque persisten áreas de indeterminación. En primer lugar, nos permite abandonar una formulación radical del requisito en términos de una prohibición general de utilizar generalizaciones. Adoptar una posición tan radical implicaría, por ejemplo, rechazar incluso una regla general que prohíba conducir a los menores de 18 años, porque está respaldada por una generalización sobre las capacidades de los menores de 18 años. Este no parece ser el alcance que se pretende dar a la necesidad de tratar a las personas como individuos cuando se dirige contra el uso de estereotipos. Esto no quiere decir que no sea razonable exigir una justificación para el uso de generalizaciones o reglas generales en todos los casos. Pero esto nos llevaría a abordar la controversia entre universalismo y particularismo. Esta controversia, en definitiva, se centra en la cuestión de si está justificado decidir sobre la base de reglas generales que identifican y establecen las propiedades relevantes de antemano o sobre la base de determinaciones particulares que identifican las propiedades relevantes después de la ocurrencia de cada caso.[34] No he encontrado entre quienes defienden la existencia del deber de tratar a las personas como individuos una defensa integral del particularismo jurídico, es decir, de la idea de que evitar los efectos nocivos de los estereotipos requiere que todas las decisiones judiciales se tomen teniendo en cuenta propiedades relevantes, que pueden identificarse una vez ocurrido el caso concreto. Por tanto, no creo que la necesidad de tratar a los demás como individuos pueda combinarse con el particularismo. Por lo tanto, no entraré aquí en esta discusión global entre particularismo y universalismo, que, además, nos llevaría más allá de las pretensiones de este artículo y de mis capacidades. Además, el alcance del requisito parece, por tanto, limitarse a determinados casos.

Desde mi punto de vista, la clave para darle forma a la distinción entre información individual e información basada en generalizaciones es advertir la diferencia entre una generalización que funciona como soporte de una creencia y una generalización que funciona como garantía de una creencia. Una generalización funciona como *soporte* de una creencia sobre los rasgos de un individuo cuando ese rasgo aparece en el contenido mismo de la generalización. Es decir, cuando la generalización correlaciona la pertenencia a una categoría con la posesión de ese rasgo. Por ejemplo, cuando se ha constatado que un producto A posee la etiqueta "Sin Tacc", la generalización

---

34 Para un análisis del impacto del particularismo en el campo jurídico, véase H. BOUVIER, "Particularismo y generalismo. Un análisis de las tensiones entre racionalidad narrativa y subsuntiva en el ámbito teórico y jurídico.", *Analisi e diritto*, num. 2004, 2005, pp. 23-51.

"Los productos con la etiqueta 'Sin Tacc' no contienen gluten" funciona como *soporte* de la creencia "El producto A no contiene gluten". En cambio, una generalización funciona como *garantía* de una creencia cuando permite considerar verificadas las condiciones para la correcta formación de esa creencia. Por ejemplo, la generalización "Por lo general la percepción visual de un rasgo en un objeto coincide con el hecho de que ese mismo objeto posee ese rasgo" funciona como *garantía* de la creencia "El producto A tiene la etiqueta 'Sin Tacc'", en cuanto permite considerarla bien formada dado el contexto[35]. En este caso, la atribución del rasgo "Posee la etiqueta 'Sin Tacc'", está garantizada por una generalización referida al procedimiento a través del cual tiene lugar la percepción, pero la generalización que funciona como garantía no hace referencia al rasgo atribuido. La atribución se basa sobre información individual, en el sentido de que no está soportada (sino garantizada) por una generalización. Tratar a una persona como un individuo consiste en tratarla sobre la base de la información relevante obtenida sin recurrir al soporte de una generalización referida al rasgo atribuido.

Estas consideraciones permiten, creo, defender la distinción entre tratar a una persona sobre la base de una generalización o estereotipo (como miembro de un grupo) y tratarla sobre la base de información individualizada (como un individuo). El trato individualizado exige no usar la generalización como soporte de la creencia. En el caso de los jueces en Argentina,

---

35 Aunque empleo la terminología de modo ligeramente diferente, la distinción entre "soporte" y "garantía" tiene como punto de partida el análisis que Daniel González Lagier hace de la estructura de los argumentos acerca de hechos y el rol que juegan allí las generalizaciones. Cfr. D. GONZÁLEZ LAGIER, *Quaestio Facti,* Fontamara, Ciudad de México, 2013.

la generalización que sustenta la creencia "El juez Schiffrin, que ha cumplido 75 años, no posee las capacidades para desempeñar el cargo de juez" se ve respaldada por la generalización "Las personas que superan los 75 años comienzan a perder ciertas capacidades". Ahora bien, esta generalización está respaldada, ya sea por un conjunto de otras generalizaciones, o directamente por observaciones individuales sobre las capacidades de ciertas personas que han superado esa edad. Tratar al juez Schiffrin como un individuo consiste entonces en constatar su posesión de la característica "No estar en condiciones de desempeñar el cargo de juez" de la misma manera en que se comprobó esta característica para construir la generalización que sustenta la creencia antes mencionada. Si se piensa en el caso de los alimentos etiquetados, "tratarlos como individuos" sería someter cada producto a la prueba química del gluten, que se utiliza para construir la generalización de que los productos etiquetados no tienen gluten.

Antes de pasar a las conclusiones es necesario hacer dos advertencias. En primer lugar, el proceso de obtención de información individualizada también puede verse influido por estereotipos falsos o insostenibles. La probabilidad de la incidencia de estereotipos en este proceso es inevitable, ya que, como hemos visto, el uso de diferentes generalizaciones, a la vez como apoyo y como garantía, también es inevitable en este proceso. Y segundo, porque determinar si la característica individual relevante está presente (por ejemplo, la capacidad de tomar decisiones juiciosas en el caso de los jueces mayores de 75 años) a veces requerirá algún tipo de procedimiento o prueba (por ejemplo, la prueba de historia nacional), que inevitablemente producirá casos de sobre y subinclusión (jueces que pasan la prueba pero que de todos modos no están en condiciones de tomar decisiones juiciosas; y jueces que no pasan la prueba pero que de todos modos están en condiciones de tomar decisiones juiciosas).

6. CONCLUSIONES

Las generalizaciones son un elemento esencial del razonamiento jurídico, por lo que es necesario desarrollar herramientas para evaluar su uso. En este sentido, el criterio estadístico nos permite mejorar la comprensión de su funcionamiento y, a su vez, también nos permite comprender mejor cómo abordar el problema de los estereotipos cuando funcionan como generalizaciones. Un estereotipo respaldado estadísticamente aumenta la probabilidad de tratar a una persona en función de las características que realmente posee. Sin embargo, limitarse a un abordaje reducido al criterio estadístico implica, de nuevo, conformarse con una mirada parcial sobre el fenómeno de la estereotipación. Por un lado, significa ignorar el amplio abanico de efectos que producen los estereotipos más allá de que describan correctamente o no los rasgos de un grupo. Evitar los perjuicios que derivan de estos efectos exige una actitud crítica frente al estereotipo, que va más allá del control estadístico. Por otro lado, limitarse al criterio estadístico implica un desinterés por la individualidad. Como he tratado de demostrar, la distinción entre generalizar y tratar a una persona como un individuo puede mantenerse si percibimos la diferencia entre dos tipos de relaciones entre creencias y generalizaciones. A veces una generalización funciona como apoyo a una creencia, a veces una generalización funciona como garantía de una creencia. Sólo en el primer caso, la característica atribuida a una persona está contenida en la generalización y por tanto tratarla como un individuo implica no utilizar esa generalización como soporte para la atribución de la característica relevante. Esta respuesta aún deja abierta tanto la cuestión de la naturaleza epistémica o moral del requisito, como la cuestión de si el deber surge en todas las interacciones con los demás o si, por el contrario, hay casos en los que las personas deben ser tratadas como miembros de un grupo. Aquí no he profundizado en estas dos cuestiones, simplemente he intentado ofrecer argumentos a favor de que, en los casos en que el deber está presente, es posible satisfacerlo.

Mito y utilidad de la proporcionalidad[1]

FERNANDO REY MARTÍNEZ
Universidad de Valladolid

1.- INTRODUCCIÓN: PROPÓSITO DE LA CONFERENCIA.

El principio de proporcionalidad, con su inequívoco aroma germánico, pretende objetivar, disciplinar o racionalizar la delimitación del contenido y límite de los derechos fundamentales y de ahí su éxito mundial. Pero ¿lo está consiguiendo, en realidad?; ¿es tan neutral su aplicación judicial como cabría deducir de su aparente estructura firme y segura?

Esa es la pregunta que me propongo responder en esta breve charla. Para ello, recordaré sumariamente en primer lugar

---

1 El presente texto es la conferencia que su autor pronunció el 14 de diciembre de 2023 en la Universidad Carlos III de Madrid en el Seminario sobre "Acceso a la justicia, vulnerabilidad y cultura jurídica" enmarcado en el Proyecto PID2019-108918GB-I00 financiado por MCIN/AEI/10.13039/501100011033, dirigido por los profesores Javier Ansuátegui y Carmen Barranco. El formato de este texto me exime, pues, de aportar mayor aparato bibliográfico. No obstante, y dado que los ejemplos que trufan la tesis general se apoyan en trabajos recientes del autor, se proporciona la referencia a los mismos, donde el lector o lectora más interesado podrá encontrar extensos listados bibliográficos. Es esta razón, y no una vanidad olímpica del autor, lo que justifica en este caso la profusión de auto-citas, por la que, en todo caso, se solicita disculpas de antemano.

qué es el principio de proporcionalidad; analizaré después su aplicación en la jurisprudencia constitucional española; expondré a continuación tres ejemplos, la sentencia del Tribunal Constitucional español sobre eutanasia, la del Tribunal Supremo federal norteamericano sobre admisiones en universidades teniendo en cuenta la etnia y la que muy probablemente emitirá en su día nuestro Tribunal Constitucional sobre la ley orgánica de amnistía; y, por último, contestaré a la pregunta de si el principio de proporcionalidad sigue resultando útil o, más bien, es el disfraz perfecto para disimular el, en realidad, libre arbitrio (no arbitrario) judicial.

Primero, ¿qué es el principio de proporcionalidad? Es, sin duda, un principio que forma parte de la gramática común del constitucionalismo democrático, utilizado por la mayoría de los sistemas de justicia constitucional del mundo, incluidos, con otro esquema, los dos europeos, el del Consejo de Europa y la Unión Europea. Son conocidas sus cuatro reglas: legitimidad constitucional del fin; idoneidad; necesidad y ponderación de costes y beneficios o proporcionalidad en sentido estricto. Para determinar esa última ponderación, Robert Alexy[2] utiliza la fórmula del peso, que tiene en cuenta el peso en abstracto de un derecho frente a otros (por ejemplo, la libertad de información es, en principio, preferente sobre el derecho al honor) y también el grado de limitación o afectación de un derecho fundamental (más grave o menos). Alexy llega a representar esta fórmula con un polinomio matemático: tal es el grado de exactitud matemática que se pretende.

---

[2] R. ALEXY, "La fórmula del peso", en M. CARBONELL (ed.), *El principio de proporcionalidad y su interpretación*, M. de Justicia, Quito, 2007, pp. 13-42.

Por supuesto, la castidad metodológica del principio se pone en cuestión por numerosos autores. Un buen resumen reciente de estas posiciones críticas se puede encontrar en la obra de Matthias Klatt y Moritz Meister[3]. Desde la precisión de qué finalidad legítima cabe admitir, porque no son lo mismo derechos o valores constitucionales que cualquier interés público o general; pasando por la inseguridad jurídica que provoca un principio de proporcionalidad que permite limitar todo el tiempo a los derechos fundamentales con resultados inciertos –los derechos fundamentales no tendrían contenido esencial: todo estaría en juego; observando que el principio también implica elecciones morales, ideológicas y políticas; o que, con su formulación cuasi-matemática, se apega a la ilusión de algún tipo de comparación mecánica; sin olvidarnos del argumento de la inconmensurabilidad, de acuerdo con el cual la metáfora de la ponderación no dice nada respecto de cómo varios intereses son sopesados y este silencio tiende a encubrir la imposibilidad de medir valores inconmensurables; muchas otras objeciones suelen aducirse, como, por ejemplo, que numerosos tribunales emplean el principio de proporcionalidad, pero lo hacen de maneras muy diferentes (algunos, por ejemplo, apenas utilizan la regla de la necesidad y otros, como los canadienses, la usan como regla principal), el excesivo énfasis en la regla de la ponderación o las dificultades de su uso respecto de los derechos de prestación.

---

3 M. KLATT y M. MEISTER, *La estructura constitucional del principio de proporcionalidad*, ed. Marcial Pons, Madrid, 2021, especialmente pp. 55 a 63.

2.- EL PRINCIPIO EN LA JURISPRUDENCIA DEL TRIBUNAL CONSTITUCIONAL ESPAÑOLA.

La valoración en abstracto del principio de proporcionalidad es, sin duda, un buen debate para iusfilósofos. Confieso que a mí me excede. Como constitucionalista, me siento más cómodo con la pelota en el suelo, aunque no soy tan ignorante como para no reconocer que la mejor práctica es una buena teoría. Pasaré a concretar la argumentación en la aplicación del principio de proporcionalidad que, en líneas generales, ha llevado a cabo el Tribunal Constitucional español, a partir del conocido análisis de Markus González Beilfuss[4].

Este autor observa tres fases: una primera de utilización intuitiva, desordenada, que no distinguía el principio de proporcionalidad del principio de simple razonabilidad; otra más estructurada y, finalmente, una de relajación y más informal (la actual –hay que tener en cuenta que la segunda edición del libro es de 2015-). Literalmente, alude a una aplicación "menos rigurosa, más apodíctica y menos razonada"; y también observa que el principio de proporcionalidad está vaciando la garantía del contenido esencial de los derechos, avalando interpretaciones restrictivas del ámbito de protección de algunos derechos, de modo que estaríamos en presencia de un "retroceso dogmático[5]".

Ciertamente, aunque a menudo el Tribunal dice utilizar el principio de proporcionalidad, lo hace de modo limitado, sin emplear ordenadamente sus cuatro reglas; lo hace sin que quepa deducir una doctrina clara sobre ellas; lo hace poniendo el énfasis

---

4 M. GONZÁLEZ BEILFUSS, *El principio de proporcionalidad en la jurisprudencia del Tribunal Constitucional español*, Thomson Reuters Aranzadi, Navarra, 2015.

5 *Ibidem*, pp. 124 s.

casi siempre en la primera regla, la finalidad perseguida por la medida, y además de modo muy general y vaporoso; y a veces lo hace, incluso, sin utilizar realmente el principio de proporcionalidad a pesar de invocarlo expresamente.

3.- TRES EJEMPLOS

Concretaré ahora aún más estas ideas analizando tres casos concretos, dos de ellos en relación al ordenamiento español y otro respecto del estadounidense, por el que empezaré.

3.1.- La Sentencia del Tribunal Supremo Federal de Estados Unidos de 29 de junio de 2023 sobre políticas universitarias de admisión conscientes de la raza.

La Sentencia del Tribunal Supremo Federal norteamericano *Students for Fair Admissions*, Inc. v. *President and Fellows of Harvard College* y *University of North Carolina et alii*, de 29 de junio de 2023, es relevante por varios motivos[6]. Por el asunto, sin duda, una *vexata quaestio* de la jurisprudencia norteamericana de enorme relevancia social (la consideración del factor étnico en el ingreso en las universidades); porque ha tenido una repercusión mediática universal que la convierte en punto de referencia, se siga su doctrina o no; porque aborda un asunto jurídico de contornos particularmente borrosos como

---

6 Para un análisis en profundidad, vid. F. REY "Manual de instrucciones para utilizar el concepto de igualdad a fin de que las minorías étnicas no la alcancen (Sentencia del TSFN SFA, Inc. v. President and Fellows of Harvard College and University of North Carolina, de 29 de junio de 2023)", en *Revista Española de Derecho Constitucional*, n. 129, 2023, pp. 267-303.

es el de las discriminaciones positivas; y, por último y más importante, porque gravita sobre un tema fundamental: qué significado cabe derivar de la cláusula constitucional de igualdad, que en Estados Unidos se contiene en la XIV Enmienda de la Constitución.

Se trata de una decisión que ha provocado un afilado debate social y que también suscita una discusión jurídica de amplio calado porque sus argumentos impactan sobre categorías centrales del Derecho antidiscriminatorio. El Tribunal Supremo Federal invalida los sistemas de ingreso del alumnado (programas *race-conscious*) de las Universidad de Harvard y North Carolina porque tenían en cuenta el factor étnico como un elemento más a valorar de modo positivo en el proceso de admisión. Evidentemente, la Sentencia se ubica en el contexto de un Tribunal con una mayoría tan activista como radicalmente conservadora en varias decisiones musculares.

Estoy en frontal desacuerdo con la tesis principal de la Sentencia, la lectura *colorblind* de la igualdad constitucional, esto es, su interpretación desde la indiferencia hacia el factor étnico y coincido con las opiniones discrepantes de Sonia Sotomayor y de Ketanji Brown Jackson, que abrazan la interpretación de la igualdad constitucional desde la óptica del principio de anti-subordinación de ciertos grupos étnicos históricamente marginados. En efecto, ¿cómo no coincidir con Sonia Sotomayor cuando afirma (p. 17): "Ignorar (jurídicamente) la raza no igualará una sociedad que es racialmente desigual"?

Pero de esta Sentencia nos interesa ahora la utilización que hace del principio de proporcionalidad, que allí llaman *strict scrutiny test*. El hilo argumental de la Sentencia es fácil de describir: (1) En primer lugar, se analiza el sistema de admisión de las dos universidades para identificar de qué modo la raza es determinante o no en el proceso, observando que lo es en grado sumo. (2) Después, el TSF interpreta el sentido constitucional de la cláusula constitucional de igualdad, en general (afirmando que la única lectura válida es la *colorblind*) y respecto de la admisión en centros estudiantiles, a la luz de los precedentes, concluyendo que, de acuerdo con ellos, (3) las políticas de admisión conscientes del factor racial de las universidades de Harvard y de Carolina del Norte no cumplen ninguno de los requisitos de la jurisprudencia. Concretamente, no superan el estándar judicial del *strict scrutiny* porque no invocan ningún interés público *compelling* (convincente), ni se articula una conexión clara (*narrowly tailored*) entre esas políticas y los beneficios educativos de la diversidad. Por otro lado, tampoco se cumplen los tres mandatos de la cláusula de igual protección: no utilizar la raza de alguien para perjudicarle en un proceso de admisión universitaria, los poderes públicos no deben estereotipar racialmente y las eventuales medidas de *affirmative action* han de ser temporales, lo que no ocurre en el caso. Sotomayor entiende, sin embargo, que no se puede poner una fecha final "porque las instituciones no pueden predecir el futuro" y, por tanto, especular con una fecha es tan arbitrario como frívolo. En conclusión, el Tribunal Supremo Federal falla que los sistemas de admisión impugnados lesionan la cláusula constitucional de igualdad de la XIV Enmienda.

La Sentencia hace notar que las universidades demandadas no logran demostrar que sus políticas de admisión *race-conscious* cumplan el único interés público convincente que la jurisprudencia anterior consideraba válido: los beneficios educativos que se derivan de un cuerpo estudiantil racialmente diverso. Aquí está, a mi juicio, la mayor trampa argumentativa de la Sentencia y donde desemboca en realidad el principio *colorblind*. La Sentencia no niega formalmente que tales beneficios de la diversidad sigan siendo válidos, pero, en la práctica, endurece el examen judicial del cumplimiento de tal objetivo de tal manera que hace imposible que ni ahora ni en el futuro sea posible cumplirlo. Es más honesto Thomas en su voto concurrente que la Sentencia cuando reconoce que la doctrina Grutter ha sido revocada (p. 58). Thomas recuerda que, incluso aunque la diversidad étnica retornara beneficios educativos en los campus universitarios, algo que "no ha sido demostrado", "los beneficios de la medida deberían pesar más que el tremendo daño infligido a algunas personas sólo por su raza" (esta es, en realidad, la regla de la proporcionalidad en sentido estricto del Derecho europeo) y, dado que "todo estereotipo (y clasificación normativa) racial daña y degrada a las personas" (p. 24), en realidad, se niega que el beneficio educativo de la diversidad sea un interés público convincente.

El Tribunal no acepta ninguna de las concreciones que tanto Harvard como Carolina del Norte llevan a cabo de esos "beneficios educativos de la diversidad (racial)". Considera esos objetivos "loables", pero demasiado vagos, "amorfos" e imposibles de control judicial porque no permiten deducir criterios para valorar si se cumplen o no, o si hay alternativas menos gravosas que la de diferenciar a nadie por su raza. Sotomayor impugna esta tesis recordando que nada en la jurisprudencia obliga a que el interés público convincente cuente con un umbral de precisión tan elevado como el que ahora se exige. De hecho, el Tribunal habría reconocido como intereses públicos convincentes "otros intereses tan amorfos" o generales como "la confianza de la ciudadanía en la integridad judicial" (de no fácil definición), "la protección de la medalla de Honor del Congreso" o "el bienestar físico o psíquico de los niños" (p. 42).

Tampoco habrían articulado las dos universidades demandadas una clara conexión entre esos objetivos y las políticas de admisión *race-conscious*. Ambas universidades emplean estas categorías raciales: 1) Asiáticos 2) Hawaianos nativos y otros isleños 3) Hispanos 4) Blancos 5) Afro-americanos y 6) Nativos americanos. El Tribunal no encuentra evidente de qué modo asignando al estudiantado en esas categorías y adoptando decisiones de admisión fundadas en ellas se consiguen los beneficios educativos que se declaran perseguir. Primero, porque esas categorías son imprecisas de muchas maneras. Algunas son excesivamente amplias, como cuando, por ejemplo, se agrupan a todos los estudiantes de origen asiático (sin distinguir Asia del Sur o del Este; la presencia de alumnado de una zona no serviría para compensar la ausencia de otra). Otras categorías, como la de "hispano" no están bien definidas. La clasificación no sólo es sobre-inclusiva, sino también sub-inclusiva, por ejemplo, en relación con los solicitantes de Oriente Medio (que incluye, entre otros, Jordania, pero también Irán o Egipto). El *Justice* Gorsuch subraya el carácter "irracional" fundado en "estereotipos incoherentes" de la clasificación racial que usan las universidades (p. 6). Segundo, porque el uso de estas categorías, más que fomentar, socava los objetivos de igualdad racial que dicen perseguir las universidades.

Incluso admitiendo, como hipótesis, que las medidas impugnadas eran una discriminación positiva y no una acción positiva ni un remedio contra una discriminación indirecta, sistemática e institucional, y aceptando que, por tanto, el control judicial tuviera que ser el más astringente, el de escrutinio estricto, también se plantean serias dudas sobre cómo el Tribunal aplica ese control al asunto. Sobre todo, en relación con la definición del interés público *convincente* que pudiera justificar una medida de este tipo. La Sentencia trae la doctrina Bakke (1978), confirmada en Grutter (2002), según la cual el único interés convincente válido es el de los beneficios educativos de la diversidad racial en los campus. Expresamente se niega como interés válido el remedio contra discriminaciones históricas arraigadas, que fue la tesis de los cuatro magistrados discrepantes en Bakke. Las magistradas discrepantes en 2023, sin decirlo expresamente, argumentan fundamentalmente sobre la validez de este último interés mencionado, coincidiendo con los críticos de Bakke. La Sentencia y la opinión concurrente de Thomas desacreditan esta idea basándose sobre todo en la tesis de la pendiente resbaladiza: se abriría la puerta a reivindicaciones sin fin de todo tipo de minorías sociales (p. 35).

A mi juicio, remediar las discriminaciones sociales hondamente arraigadas (evidentemente sólo las que puedan acreditarse como tal) no sólo es un criterio constitucional válido para trazar diferencias de trato jurídico en atención al grupo étnico, sino que, incluso más allá, es el fundamento mismo de todo el Derecho Antidiscriminatorio constitucional. ¿Qué otro sentido tiene, si no, la prohibición constitucional de discriminar a ciertos grupos? La Sentencia gravita sobre una lógica paroxísticamente individualista (no existe una sociedad de grupos étnicos, sino de individuos con múltiples identidades, entre ellas la étnica, que no les convierte en copia mimética de cualquier otro individuo que tenga su mismo color de piel) que no comparto, porque, sin negar que las discriminaciones son personales, lo son, justamente, porque sus víctimas pertenecen a determinados grupos sociales en desventaja sobre los que recaen los prejuicios sociales peores y más lesivos de la dignidad humana. Dicho de otra forma, toda discriminación en sentido estricto lo es, al mismo tiempo, de modo individual y grupal. Si esto es así, toda medida dirigida a garantizar la igualdad étnica de trato (por ejemplo, impidiendo una discriminación indirecta) o la igualdad de oportunidades (con medidas que favorecen a los grupos étnicos en desventaja respecto del ingreso en las mejores universidades) son, a mi juicio, perfectamente constitucionales. Como lo es, incluso, una medida de discriminación positiva si se trata de una regla de preferencia étnica relativa y no absoluta: así ocurre, precisamente, si se tiene en cuenta la escasa presencia de minorías étnicas en las universidades en comparación con la mayoría.

Esta es la primera trampa argumental, en mi opinión, de la Sentencia en este punto, pero añade otra, aún peor, que, de alguna manera, cierra el círculo formal de su argumentación: hay un interés público que podría ser convincente para superar el escrutinio judicial estricto, el beneficio educativo de la diversidad, pero no se demuestra y, por tanto, las medidas impugnadas se deben declarar nulas. Sotomayor demuestra cómo el control del interés público convincente del Tribunal en este caso no es que sea estricto, es que, además de incongruente con sus precedentes en este y otros asuntos, es simplemente imposible. Para la Sentencia, la diversidad es individual, no grupal; para las magistradas discrepantes, cuya opinión también comparto en este punto, no puede haber diversidad e inclusión de verdad si no se incorpora a los grupos étnicos tradicionalmente marginados. Sotomayor advierte de "las consecuencias peligrosas de una América cuyo liderazgo no refleje la diversidad de la gente" (p. 67) y rotundamente sostiene que "una verdadera igualdad de oportunidades educativas en escuelas racialmente diversas es un componente esencial de la fábrica democrática de nuestra sociedad... la diversidad es ahora un valor americano fundamental" (p. 68 s.). Y Jackson observa que un campus racialmente diverso beneficia a todos y no sólo a los miembros de minorías: todos comprenderían mejor las virtudes cívicas, los valores democráticos y el compromiso con la igualdad (p. 23).

Se puede concluir, por tanto, que el uso del estándar de proporcionalidad por parte del Tribunal Supremo Federal en este caso (como en otros) es todo menos ideológicamente neutral y formalmente exquisito. La mayoría del Tribunal impone su peculiar concepción de la igualdad constitucional por la vía de, primero, decidir utilizar el principio de proporcionalidad y no otro criterio menos exigente, y, segundo, interpretando de un modo sesgado tanto la regla de la finalidad perseguida como las de la adecuación y la ponderación de las ventajas y los costes (sin llamarles así). Ni siquiera Alexy con su polinomio sería capaz de arreglar este desaguisado.

3.2.- Las dos Sentencias del Tribunal Constitucional español sobre la validez de la Ley orgánica de regulación de la eutanasia (2023).

Como saben, las Sentencias del Tribunal Constitucional 19/2023 y 94/2023 dilucidan si la Ley Orgánica 3/2021, de 24 de marzo, de regulación de la eutanasia (en adelante, LORE), es compatible o no con la Constitución, fallando que es completamente válida[7]. El Tribunal no ha puesto el más mínimo reparo. De hecho, aunque las Sentencias cuentan con dos Votos discrepantes, ningún magistrado sugiere la inconstitucionalidad, en general, del sistema legal de prestación de ayuda para morir. El problema de fondo que se deriva de estas decisiones es que el Tribunal descubre la altura constitucional del derecho, en principio legal, de modo que lo ius-fundamentaliza: la prestación de ayuda para morir en contexto eutanásico sería un "nuevo" derecho fundamental ubicado en la penumbra del derecho a la integridad personal del art. 15 CE, leído a la luz de la dignidad humana y el libre desarrollo de la personalidad del art. 10.1 CE.

Así que a la pregunta de si, con la Constitución en la mano, la eutanasia debe ser prohibida totalmente (como postulan los recurrentes de VOX –con menor convencimiento los del Partido Popular), remitida su existencia o inexistencia y su contenido a las mayorías políticas cambiantes (como opinan los votos discrepantes de los magistrados Arnaldo y Espejel) o, más bien, considerada como un derecho fundamental de existencia legal necesaria (aunque pueda discutirse los contenidos concretos), el Tribunal elige claramente esta última opción. La eutanasia (practicada bajo las condiciones legales) es, según el Tribunal

---

7 Un comentario detallado en F. REY, "El derecho de recibir ayuda para morir en contexto eutanásico: ¿nuevo derecho fundamental? Comentario crítico de las SSTC 19/2023 y 94/2023", en *Anuario Iberoamericano de Justicia Constitucional*, 27 (2), 2023, pp. 297-336.

Constitucional, un nuevo derecho fundamental. Y, por consiguiente, insuprimible, en principio, por el legislador futuro. Estoy de acuerdo con el fallo, pero no con la argumentación.

Nos interesa aquí y ahora la utilización que el Tribunal ha hecho del principio de proporcionalidad para resolver el caso. Los recurrentes sostenían que, incluso admitiendo la validez de la eutanasia en algunos casos, el Tribunal debería utilizar en su actividad de control un estándar exigente de interpretación: el principio de proporcionalidad, porque la eutanasia supone un límite del derecho a la vida. La Sentencia no acepta este planteamiento. Su argumentación aquí es algo obscura porque, por un parte rechaza el uso del principio de proporcionalidad en la medida en que la regulación legal de la eutanasia es una medida para garantizar el ejercicio de ese derecho de autodeterminación corporal respecto de la propia muerte, y de ahí que no implicaría, en principio, "una injerencia en la vida ni como derecho fundamental ni como bien constitucional objetivo", pero, de otra parte, admite que "la vida podría resultar lesionada en defecto de medidas de protección suficientes para evitar la indebida influencia o el abuso por parte de terceros".

Tras esta contradictoria tesis, la Sentencia, utilizando categorías específicamente penales más que generales de derechos fundamentales, pasa a rechazar un juicio de proporcionalidad "por prohibición de exceso", admitiendo uno por "prohibición de defecto". De modo que se propone valorar si el legislador no ha adoptado medidas de protección alguna o si fueran inadecuadas o insuficientes para asegurar el nivel de protección exigido por la Constitución, pero no si pudieran existir otros sistemas más eficaces de protección de la vida. A mi juicio, esta construcción es algo extraña, pero es evidente que su finalidad es evitar un astringente juicio de proporcionalidad, aunque en otro momento se señala que "la situación de sufrimiento extremo y la vulnerabilidad especial de los sujetos afectados exige un alto nivel de protección de la vida, cuya lesión es irreparable".

Y aquí se produce otra contradicción lógica en la argumentación del Tribunal. Porque una cosa es que su control sobre las normas penales o con trasfondo penal como es la eutanasia, sea, en principio, razonablemente deferente hacia el legislador, mejor situado que el propio Tribunal para concretar las sutiles valoraciones axiológicas de política criminal, y otra muy distinta que el Alto Tribunal fragilice dicho control hasta llegar a niveles mínimos. En efecto, no parece haber coherencia entre el hecho de que en las Sentencias 19/2023 y 94/2023 se anuncia que se procederá a controlar si las garantías legales de la eutanasia y el suicidio asistido cumplen con el parámetro constitucional y, al mismo tiempo, se renuncia a analizar si se puede mejorar dichas garantías. Si el Tribunal hubiera concluido que alguna de las garantías legales no fuera suficiente o que, para preservar la libertad del solicitante de la eutanasia y su protección frente a posibles abusos, haría falta introducir alguna garantía más, no habría tenido más remedio que hacerlo. El Tribunal puede razonar que las nuevas garantías legales o la mejora de las existentes que los recurrentes aducían no son garantías que la Constitución exija, bastando las previstas en la LORE, pero lo que no puede hacer, a mi juicio, es negarse de antemano a realizar tal valoración. Porque en este punto el Tribunal, trayendo la doctrina Mortier v. Bélgica (2022) del Tribunal de Estrasburgo, tan sólo da por válidas algunas de las garantías legales generales (marco regulatorio, contexto eutanásico, control posterior, etc.) que los recurrentes, al menos los populares, no impugnaban, mientras que deja de responder sobre la insuficiencia de algunas garantías concretas previstas en la LORE que los recurrentes sí cuestionaban. El raro análisis teórico previo que el Tribunal incorpora como elemento previo de su fundamentación viene a operar, así, como una cortina de humo tras la cual se oculta la perezosa (en el mejor de los casos) argumentación específica.

En definitiva, no sabemos, por qué, por ejemplo, se desestima la necesidad de la presencia de profesionales de la salud mental en todo el proceso, dado que, para evitar la vulneración del deber estatal de protección de la vida, se requiere siempre asegurar la capacidad, libertad y consentimiento plenos de quien solicita la eutanasia o el suicidio asistido, lo que no ocurriría si el paciente, por ejemplo, sufre una depresión. No es ni mucho menos irrazonable pensar que los profesionales de la salud mental deberían intervenir necesariamente en todos los procedimientos de eutanasia y suicidio asistido. Tampoco conocemos las razones, por ejemplo, para despreciar que el ordenamiento jurídico fortalezca las garantías de la prestación del consentimiento en el testamento vital (o documento similar), precisamente para asegurar que el consentimiento sea libre e informado de verdad, lo que requiere, en la línea del voto de Arnaldo, una cierta actualización periódica. Es de sentido común concluir que no es lo mismo un testamento vital (o documento similar) en el que no se permite en ningún caso la eutanasia, que era lo que ocurría antes de la entrada en vigor de la LORE, que un testamento vital en el que sí se permite y, además, con las enormes consecuencias que prevé la LORE para el supuesto de la incapacidad de hecho. La revisión de la normativa autonómica sobre testamento vital se convierte en un efecto sistemático absolutamente necesario del reconocimiento de la validez de la eutanasia y el suicidio asistido. Y más si se tiene en cuenta que la necesidad de preservar el libre consentimiento es aún mayor en el caso de las personas con incapacidad de hecho.

Todo ello nos lleva a apreciar una contradicción lógica interna de las sentencias aún mayor. En efecto, aunque el Tribunal hace referencia al alto nivel de protección del bien jurídico vida exigible constitucionalmente, en la medida en que su lesión es irreparable, y pese a que invoca, por ello, aunque del modo contradictorio indicado antes, la utilización del principio de proporcionalidad ("por defecto") como límite del límite de los derechos fundamentales (en este caso, la vida), al final el criterio elegido es el mucho más amable para el legislador penal de la razonabilidad ("mínimos de protección razonables"). En este aspecto, la construcción intelectual de las sentencias es pobre, oscura, contradictoria y, finalmente, nugatoria. Evidentemente, el Tribunal es libre de elegir un estándar de control más exigente (proporcionalidad) o menos (razonabilidad), pero lo que no es de recibo es que anuncie uno y aplique otro, después de ofrecer unas balbucientes explicaciones conceptuales. Y si elige el más deferente criterio de razonabilidad, pues estupendo, pero a continuación debería justificar por qué. Nada de esto se hace en las sentencias.

3.3.- El futuro juicio del Tribunal Constitucional sobre la ley de amnistía en relación con el caso catalán.

Un tercer ejemplo, que, en este caso, es futuro: la argumentación que el Tribunal Constitucional utilizará para evaluar si la ley de amnistía en proceso es acorde o no con la Constitución[8]. No se inquieten, voy a intentar hacer un análisis jurídico lo más objetivo posible (si es que ello fuera posible). La amnesia penal en que consiste la amnistía para algunos delitos en un determinado periodo de tiempo es, sin duda, una excepción del principio constitucional de igualdad en la aplicación de la ley del art. 14 CE y, por ello, de interpretación estricta. La ley que en su momento se apruebe es, como se dice en su exposición de motivos, una ley singular e incluso más concretamente, una ley de caso único por tener destinatarios muy concretos y determinados y por agotarse sus efectos en su aplicación una sola vez. En el profuso debate de los juristas en los medios sobre el particular, hasta donde se me alcanza, no se ha observado que la jurisprudencia

---

8 Un examen más completo se puede encontrar en F. REY, "Una Ley de Amnistía obscenamente inconstitucional", en *Gaceta cultural del Ateneo de Valladolid*, enero de 2024, n. 100, pp. 2-5.

del Tribunal sobre leyes de caso único a partir de las sentencias sobre el vertedero de Santovenia en Valladolid (STC 129/2013) o de la ciudad del medio ambiente de Soria (STC 203/2013) ha exigido la utilización judicial del astringente principio de proporcionalidad[9]. En realidad, el Tribunal, llamado en su momento a resolver el fondo de este asunto, va a poder optar por dos vías: puede entender que estamos en presencia de materia penal, alegar su *self-restraint* y deferencia hacia el legislador penal y optar, en consecuencia, por el desdentado principio de razonabilidad (¿es razonable el interés público esgrimido por el legislador orgánico penal sobre la mejora de la convivencia en Cataluña?), concluyendo que la ley es plenamente constitucional. O puede, aplicando un exigente principio de proporcionalidad, ya que estamos ante una excepción de la igualdad constitucional (por cierto, no permitida expresamente en la Constitución y, por este argumento (no por otros como el de si no se puede el indulto general no se puede la amnistía ni el de que el legislador tiene una vinculación positiva con la Constitución), de dudosa validez incluso la posibilidad de dictar una ley de amnistía en general, puede, digo, aplicar seriamente las cuatro reglas del principio de proporcionalidad y concluir que es inconstitucional porque ni está claro el interés general o constitucional que persigue (más allá de beneficiar a los partidos y líderes firmantes de un pacto de investidura de la presidencia del gobierno: una auto-amnistía, al fin), ni su adecuación (discutible), indispensabilidad (se podría, antes de amnistiar, indultar a los que hayan participado, quizá no a todos según la gravedad de los delitos) y, ni mucho menos su ponderación (puesto que se trata de una medida que tensa gravemente la separación de poderes y el Estado de Derecho defendido cabalmente por los jueces).

---

9 F. Rey: "A vueltas con el concepto de ley singular", *La Ley*, n. 8288, 2014, pp. 9-15.

4.- CONCLUSIÓN: LA PROPORCIONALIDAD ES VOLUNTAD JUDICIAL CON DISFRAZ.

Pero ustedes saben, como yo, que el Tribunal (como quizá todos los tribunales) no opera así, es decir, no utiliza uno u otro criterio (proporcionalidad o razonabilidad) y luego concluye, sino que es justo al revés: la mayoría, primero, toma la decisión de la constitucionalidad o no y, en consecuencia, elige uno u otro método de decisión. Y también saben los que tengan la santa paciencia de leer la jurisprudencia, que lo más probable es que, como en la sentencia de la eutanasia antes citada, la mayoría llegue incluso a invocar la utilización de la proporcionalidad, para pasar a aplicar en realidad, la simple razonabilidad. Es muy probable que se cite a estrados como argumento principal la amorfa finalidad de la mejora de la convivencia en Cataluña, por supuesto, sin aportar una sola prueba ni de qué modo y a través de qué hechos se revela que es conflictiva ahora ni de qué manera se mejorará aquello que no se revela como mejorable en el momento presente.

Porque para esto sirve en la práctica española el principio de proporcionalidad y con esto concluyo: para dar un aire de respetabilidad intelectual, de racionalidad, de objetividad y de neutralidad a decisiones que, sin ser tampoco irracionales, son absolutamente parciales y unilaterales. Evitando, con ello, de paso, ofrecer más explicaciones. En definitiva, la proporcionalidad es el perfecto disfraz jurídico/racional de la pura ideología o voluntad judicial[10].

---

10 En el diálogo posterior a la conferencia, el profesor Ansuátegui hizo una muy sugerente alusión al tema clásico del equilibrio entre razón y voluntad en la interpretación judicial, observando, con enorme realismo y de modo coincidente a quien esto escribe, que en la tradición europea continental a menudo se ha menospreciado el hecho que el poder judicial es también un *poder* del Estado, un poder singular, sin duda, pero poder finalmente.

Vulnerabilità, genere e intersezionalità: dalle teorie femministe alla prassi giudiziaria[1]

MARIA CATERINA LA BARBERA
Instituto de Filosofía
Consejo Superior de Investigaciones Científicas

---

1 Questo articolo è frutto di una rielaborazione di due studi precedenti pubblicati in spagnolo e in inglese: M. LA BARBERA, "La vulnerabilidad como categoría en construcción en la jurisprudencia del Tribunal Europeo de Derechos Humanos: límites y potencialidad", *Revista de Derecho Comunitario Europeo*, n. 62, 2019, pp. 235-257, https://doi.org/10.18042/cepc/rdce.62.07 e M. LA BARBERA e I. WENCES, "The polysemy of gender discrimination in the IACTHR jurisprudence: towards the elimination of structural gender discrimination through transformative reparations", *European Journal of Legal Studies*, n. 15(1), 2023, pp. 171-212, https://doi.org/10.2924/EJLS.2023.014. Ringrazio Mari Carmen Barranco Avilés e Javier Ansuátegui Roig per l'invito a partecipare alle giornate su "Acceso a la justicia, vulnerabilidad y cultura jurídica" organizzato all'Universidad Carlos III di Madrid e per la magnifica occasione di scambio e riflessione condivisa. Sono anche loro molto grata per l'opportunità di pubblicare questo contributo in italiano. Ripensare la vulnerabilità nella mia lingua materna mi ha consentito di recuperare –parafrasando Jhumpa Lahiri (*In altre parole*, Milano, Guanda, 2016)– le "mie parole" e riorganizzare le idee usando strutture di pensiero legate al mio "pensare in italiano" quasi in disuso, scoprendo connessioni che in precedenza non ero riuscita ad esplicitare. Questo lavoro è stato finanziato dall'Agenzia di Stato per la Ricerca del Ministero spagnolo per la Scienza e l'Innovazione/Agencia Estatal de Investigación del *Ministerio de Ciencia*, Innovación y Universidades (/10.13039/501100011033) nel seno del progetto INTERSEGRA: Integration and belonging in the institutional praxis: critical discourse analysis from a gender and intersectionality perspective (CNS2022-135492), https://ifs.csic.es/es/research-project/integration-belonging-institutional-praxis-critical-discourse-analysis-gender.

1. INTRODUZIONE

Fin dall'adozione della Dichiarazione universale dei diritti umani (1948), l'idea di vulnerabilità è stata implicita nel discorso sui diritti umani. Dall'inizio degli anni '90, il riferimento esplicito alla nozione di "vulnerabilità" è diventato sempre più frequente nelle convenzioni e raccomandazioni internazionali. La Convenzione internazionale sulla protezione dei diritti dei lavoratori migranti e dei membri delle loro famiglie (1990) fa riferimento alla situazione di vulnerabilità in cui spesso si trovano i lavoratori migranti e loro famiglie a causa, tra l'altro, della lontananza dal Paese di origine e delle difficoltà che incontrano nel Paese in cui lavorano. Il Protocollo opzionale alla convenzione sui diritti dell'infanzia e dell'adolescenza concernente il coinvolgimento dei bambini nei conflitti armati (2000) riconosce le esigenze speciali di e bambine, la cui situazione economica, sociale e di genere li rende particolarmente vulnerabili alle violazioni dei diritti attraverso il reclutamento o l'impiego in situazioni ostili. Il Protocollo opzionale sulla vendita di bambini, la prostituzione infantile e la pornografia infantile (2000) prevede il rafforzamento della cooperazione internazionale per combattere quei fattori, come la povertà e il sottosviluppo, che contribuiscono a esporre e bambine alla vendita, alla prostituzione, alla pornografia e al turismo sessuale. Infine, la Convenzione internazionale per la protezione di tutte le persone dalle sparizioni forzate (2006) prevede che gli Stati firmatari possano stabilire circostanze aggravanti in caso di morte di persone scomparse o di sparizione forzata di donne incinte, minori, persone con disabilità o altre persone particolarmente vulnerabili. Analogamente, le risoluzioni non vincolanti del Parlamento europeo riconoscono la necessità di garantire una protezione speciale a persone e gruppi particolarmente vulnerabili. Si pensi, ad esempio, alla risoluzione del 2014 sulla violenza contro le donne (2013/2004/INL), che riconosce le esigenze particolari e la maggiore vulnerabilità delle donne a causa di fattori quali la razza, l'etnia, la religione o le convinzioni personali, la salute, lo stato civile, la situazione abitativa, lo status migratorio, l'età, la disabilità, l'orientamento sessuale e l'identità di genere; o nella risoluzione sullo sfruttamento sessuale e la prostituzione (2013/2013/INI) che invita gli Stati membri ad adottare politiche per aiutare le donne e i minori vulnerabili a uscire dalla prostituzione attraverso un approccio globale che preveda la cooperazione tra polizia, immigrazione, servizi sanitari e scolastici[2].

---

2 Studi recenti hanno analizzato l'uso della categoria della vulnerabilità da parte del Comitato per i diritti economici, sociali e culturali (A. CHAPMAN e B. CARBONETTI, "Human Rights Protections for Vulnerable and Disadvantaged Groups: The Contributions of the UN Committee on Economic, Social and Cultural Rights", *Human Rights Quarterly*, n. 33(3), 2011, pp. 682–732), della Corte Interamericana dei diritti umani (R. ESTUPIÑAN SILVA, "La vulnerabilidad en la jurisprudencia de la Corte Interamericana de Derechos Humanos: esbozo de una tipología" in L. BURGORGUE-LARSEN, A. MAUÉS e B. EUGENIA SÁNCHEZ MOJICA (a cura di), *Derechos Humanos y Políticas Públicas*, Barcelona, EDO, 2014, pp. 193–231), della Corte europea dei diritti umani (A. TIMMER, "A Quiet Revolution: Vulnerability in the European Court of Human Rights" in M. FINEMAN e A. GREAR (a cura di), *Vulnerability: Reflections on a New Ethical Foundation for Law and Politics*, Farnham, Ashgate, 2013, pp. 147–170; L. PERONI e A. TIMMER, "Vulnerable groups: The promise of an emerging concept in European Human Rights Convention law", *International Journal of Constitutional Law*, n. 11(4), 2013, pp. 1056–1085) e nella legislazione nazionale, soprattutto nel Regno Unito (V. MUNRO e J. SCOULAR, "Abusing Vulnerability? Contemporary Law and Policy Responses to Sex Work in the UK", *Feminist Legal Studies*, n. 20, 2012, pp. 189–206; S. A. FITZGERALD "Biopolitics and the regulation of vulnerability: the case of the female trafficked migrant", *International Journal of Law in Context*, n. 6(3), 2010, pp. 277–294). Il tema è diventato recentemente oggetto di riflessione della la filosofia del diritto anche in Spagna e in Italia (M. C. BARRANCO e C. CHURRUCA, (a cura di), *Vulnerabilidad y protección de los derechos humanos*, Valencia, Tirant lo Blanch, 2014; M. BARRÈRE UNZUETA, "Martha A. Fineman y la igualdad jurídica: ¿Vulnerabilidad vs. Subordiscriminación?", *Cuadernos Electrónicos de Fi-*

Anche in sede giudiziaria, la categoria della vulnerabilità è sempre più frequente. Secondo Lourdes Peroni e Alexandra Timmer[3], questa categoria consente ai tribunali di considerare i diritti umani, e in particolare l'uguaglianza e la non discriminazione (art. 14 CEDU), nella loro dimensione materiale e trasformativa. Nonostante sollevi non poche questioni, la categoria della vulnerabilità ha dato una svolta positiva all'argomentazione giurisprudenziale perché, facendo riferimento ai fattori strutturali, consente di identificare le azioni o inazioni che hanno prodotto la violazione dei diritti o aumentato l'esposizione al rischio di subirla. Tuttavia, i tribunali non utilizzano la categoria della vulnerabilità in modo coerente. Senza apparente distinzione, si parla di "persone vulnerabili", "gruppi vulnerabili", "i più vulnerabili", "particolarmente vulnerabili", "emarginati", "svantaggiati". Nonostante la sua crescente diffusione, la categoria della vulnerabilità è ancora in costruzione[4]. E se è possibile che la ragione del suo crescente successo

---

losofía del Derecho, n. 34, pp. 17–34. 2016; D. MORONDO TARAMUNDI, "¿Un nuevo paradigma para la igualdad? La vulnerabilidad entre condición humana y situación de indefensión", *Cuadernos Electrónicos de Filosofía del Derecho,* n. 34, 2016, pp. 205–221; M. C. BARRANCO AVILÉS, Vulnerabilidad, derechos humanos y empresas, *Cuadernos Electrónicos de Filosofía del Derecho,* n. 34, 2016, pp. 1–16; G. ZANETTI, *Filosofia della vulnerabilità. Percezione, discriminazione, diritto,* Carocci, Roma, 2019; M. LA BARBERA, "La vulnerabilidad como categoría en construcción en la jurisprudencia del Tribunal Europeo de Derechos Humanos: límites y potencialidad", *Revista de Derecho Comunitario Europeo,* n. 62, 2019, pp. 235–257; B. PASTORE, *Semantica della vulnerabilità, soggetto, cultura giuridica,* Torino, Giappichelli, 2021).

3 L. PERONI e A. TIMMER, "Vulnerable groups: The promise of an emerging concept in European Human Rights Convention law", cit..

4 M. LA BARBERA, MariaCaterina, "La vulnerabilidad como categoría en construcción en la jurisprudencia del Tribunal Europeo de Derechos Humanos: límites y potencialidad", cit..

risieda proprio nella sua vaghezza e indeterminatezza, l'uso di categorie ambigue nella prassi giudiziaria porta a decisioni contraddittorie e a effetti perversi indesiderati.

Questo capitolo è strutturato in due parti. Nella prima, propongo una genealogia della vulnerabilità come categoria femminista. Traccio una genealogia della categoria della vulnerabilità di genere partendo dalle teorie femministe per arrivare alla sua istituzionalizzazione nel diritto internazionale dei diritti umani. Presento qui la categoria della vulnerabilità di genere identificando tre diverse dimensioni che corrispondono a nuclei concettuali sviluppatisi in modo progressivo nel seno della teoria e pratica femminista. Sebbene tali nuclei concettuali attualmente si intersecano e sovrappongono, per ragioni analitiche, qui distinguo la dimensione collettiva –le donne come gruppo vulnerabile–, la dimensione strutturale –il genere come struttura sociale che determina la vulnerabilità delle donne– e la dimensione intersezionale –l'intersezione del genere con altre strutture sociali come causa delle situazioni di vulnerabilità complessa.

Nella seconda parte, ricorro a queste tre dimensioni della vulnerabilità per analizzare due casi emblematici della Corte Interamericana dei diritti umani in materia di discriminazione di genere: González et al. contro Messico del 2009, meglio conosciuto come "Campo Algodonero", e Gonzales Lluy et al. contro Ecuador del 2015. La domanda di ricerca è se la Corte si riferisce alla stessa o a diverse dimensioni della vulnerabilità quando interpreta i fatti e identifica la violazione dei diritti umani in gioco e quando poi ordina le misure di riparazione e non ripetizione. Seguendo l'approccio di Carol Bacchi[5], in

---

[5] C. BACCHI, *Women, Policy and Politics: The Construction of Policy Problems*, Londra, Sage, 1999.

questo capitolo analizzo la coerenza tra diagnosi (qual è il problema?) e prognosi (cosa si dovrebbe fare per risolverlo?) al fine di identificare limiti e potenzialità della categoria di vulnerabilità. L'obiettivo ultimo di questo studio è contribuire a definire il contenuto della vulnerabilità per affinarne la capacità operativa come categoria interpretativa nella prassi giudiziaria.

2. IL CONCETTO DI VULNERABILITÀ: DALLE TEORIE FEMMINISTE AL DIRITTO INTERNAZIONALE DEI DIRITTI UMANI

2.1. La dimensione collettiva della vulnerabilità

Il primo nucleo concettuale della vulnerabilità, sviluppato in seno alle teorie e alle pratiche femministe, è legato alla sua dimensione collettiva. Criticando l'invisibilizzazione delle donne nella sfera pubblica, l'attenzione è stata rivolta in modo asimmetrico sulle donne come gruppo svantaggiato. Ricordiamo il lavoro di Susan Moller Okin, Catharine Mackinnon e Frances Olsen[6] che hanno denunciato tanto la cecità di genere del diritto e delle politiche pubbliche come i loro effetti perversi per le donne. Il diritto e le politiche pubbliche –formulate in base a prospettive e modelli maschili– non tengono conto dei modelli radicati di socializzazione che collocano le donne nello spazio domestico ed ostacolano il loro accesso ai diritti e alle libertà.

---

6 S. M. OKIN, *Women in western political thought,* Princeton, Princeton University Press, 1979; C. MACKINNON, *Toward a feminist theory of the State,* Cambridge, Harvard University Press, 1989; F. OLSEN, Frances, "The myth of state intervention in the family", *University of Michigan Journal of Law Reform,* n. 18(4), 1985, pp. 835–864.

Questi sviluppi teorici hanno avuto un impatto sullo sviluppo del diritto internazionale dei diritti umani, segnato nel 1979 dall'adozione della Convenzione sull'eliminazione di tutte le forme di discriminazione nei confronti delle donne (CEDAW). Uno dei principali progressi nella legislazione internazionale sui diritti umani è stato determinato dalla Convenzione sull'eliminazione di tutte le forme di discriminazione contro le donne. Rivolgendo l'attenzione in modo esplicitamente asimmetrico sul gruppo svantaggiato, la CEDAW è stata la prima convenzione di diritti umani a prevedere azioni positive volte a minimizzare l'esposizione sistematica delle donne al rischio di violazioni dei diritti e a compensarne i pregiudizi derivati[7]. La CEDAW ha come obiettivo prioritario l'eliminazione degli ostacoli giuridici che impediscono alle donne di accedere ai diritti e alle libertà in condizioni di parità (CEDAW, art. 2), il riconoscimento dei bisogni specifici delle donne, compresi i loro diritti sessuali e riproduttivi (CEDAW, artt. 10, §h) e 16, §e) e l'inclusione delle donne negli spazi da cui sono state tradizionalmente escluse (CEDAW, art. 4). La CEDAW stabilisce misure e azioni specifiche che gli Stati devono adottare per garantire che le donne possano godere senza discriminazione diritti riconosciuti a tutti gli esseri umani: "gli Stati firmatari sono obbligati a condannare la discriminazione contro le donne e a prendere misure per eliminarla" (CEDAW, art. 2).

Ratificando la CEDAW, gli Stati sono tenuti a garantire l'assenza di discriminazione diretta e indiretta nei confronti delle donne nella legislazione, nella giurisprudenza e nella prassi amministrativa. Gli Stati firmatari si impegnano a modificare la legislazione nazionale per eliminare non solo le norme che prevedono una disparità di trattamento per le e donne (discriminazione diretta), ma anche quelle che, pur basando-

---

7 Comitato CEDAW, Raccomandazione generale n. 25, § 24.

si su criteri apparentemente neutrali, di fatto creano ostacoli sproporzionati per le donne nell'accesso a beni e diritti (discriminazione indiretta). I tribunali nazionali devono inoltre garantire la protezione contro atti o omissioni discriminatorie da parte delle autorità (ad esempio, giudici e polizia), nonché da parte di organizzazioni private, aziende o individui. Il riferimento alla dimensione collettiva della vulnerabilità in ambito giudiziario consente di prestare attenzione agli elementi differenziali specifici tra donne e uomini, sia biologici (ad esempio, la gravidanza, l'allattamento e la salute sessuale) che sociali (ad esempio, la sottorappresentazione nell'lavoro e nella politica e l'ineguale distribuzione delle responsabilità di cura).

Il limite fondamentale della dimensione collettiva della categoria della vulnerabilità di genere è il suo effetto cristallizzante. Quando l'attenzione si concentra sulla vulnerabilità delle donne come gruppo non vengono tanto considerate le strutture sociali che determinano la maggiore esposizione delle donne a subire violazioni dei diritti. Si ricorre piuttosto dimensione collettiva della vulnerabilità con l'intenzione di integrare le donne nelle strutture socio-istituzionali esistenti, che però non vengono messe in discussione. Peraltro, rivolgere l'attenzione al gruppo vulnerabile permette di identificare e agire sui sintomi –ad esempio, l'esclusione delle donne dal mercato del lavoro, dalle istituzioni politiche e dal processo decisionale[8]– ma non tiene conto del contesto storico e delle strutture sociali che generano la vulnerabilità. Si finisce dunque per ignorare che, per dirla con Chandra Talpade Mohanty, si diventa donne all'interno e attraverso tali strutture[9]. Inoltre, come sostiene

8 J. KANTOLA, e E. LOMBARDO, *Gender and Political Analysis*, Basingstoke, Palgrave, 2017.

9 Ch. T. MOHANTY, "Under Western Eyes Revisited: Feminist Solidarity through Anticapitalist Struggles", *Signs*, n. 28(2),

Sandra Fredman[10], se non vengono trasformate profondamente le strutture che determinano l'esposizione collettiva al rischio di violazione di diritti, la vulnerabilità di genere finisce per essere riprodotta e mantenuta dalle istituzioni pubbliche.

2.2. La dimensione strutturale della vulnerabilità

Il secondo nucleo concettuale della vulnerabilità, sviluppatosi in seno alle teorie e alle pratiche femministe, è legato alla sua dimensione strutturale. Riconoscere che la vulnerabilità di genere non è un problema individuale di esposizione al rischio di violazione dei diritti, ma di natura collettiva, ha portato gli studi di genere ad indagare sulle sue cause e a identificare l'origine del problema nelle strutture discriminatorie "generizzate", che si materializzano in pratiche sociali e istituzioni (diritto, politiche pubbliche e la loro implementazione) che le mantengono e riproducono. Vale la pena sottolineare che la definizione di gruppo dipende da come si risponde alla domanda chi costituisce il gruppo normativo di riferimento. Un gruppo vulnerabile è definito come l' insieme di coloro che non godono le caratteristiche della cosiddetta "popolazione generale"[11]. La vulnerabilità è definita come variazione, o me-

---

2003, pp. 499–535.

10 S. FREDMAN, "Substantive Equality Revisited", *International Journal of Constitutional Law*, n. 14(3), 2016, 712–738.

11 A. PHILLIPS, Anne, "What's wrong with Essentialism?", *Distinktion: Journal of Social Theory*, n. 11(1), 2010, pp. 47–60; M. C. BARRANCO AVILÉS, "Derechos Humanos y vulnerabilidad. Los ejemplos del sexismo y el edadismo" in M.C. BARRANCO AVILÉS e C. CHURRUCA MUGURUZA (a cura di), *Vulnerabilidad y protección de los derechos humanos*, cit., pp. 17–44.

glio deficit, rispetto al paradigma di riferimento[12]. Lo standard è considerato un individuo adulto, autonomo, senza dipendenze, con un adeguato livello di istruzione, dotato di capacità cognitive inalterate, libertà di movimento e autodeterminazione. Sulla base di questa definizione aprioristica, il soggetto politico portatore di diritti è maschio, eterosessuale, fisicamente e mentalmente sano, bianco e in possesso della cittadinanza del paese in cui risiede.. Le donne sono definite come gruppo perché non sono uomini, le persone con (dis)abilità perché non possiedono le capacità fisiche o mentali considerate "normali", i neri perché non sono bianchi, i migranti perché non sono cittadini. Al contrario, gli uomini non sono un gruppo. Né lo sono i bianchi, così come non lo sono le persone fisicamente e mentalmente sane che sono semplicemente la norma.

Le teorie e pratiche femministe che mettono l'accento sulla dimensione strutturale della vulnerabilità riconoscono la necessità di modificare lo *status quo* ingiusto[13]. Nonostante l'ampia varietà di prospettive, l'obiettivo comune è quello di trasformare le strutture sociali basate su stereotipi di genere che *de iure* e *de facto* espongono le donne a situazioni di vulnerabilità sistemati-

---

12 F. LUNA, "Elucidating the Concept of Vulnerability: Layers not Labels", *International Journal of Feminist Approaches to Bioethics,* n. 2(1), 2009, pp. 121–139; M. FINEMAN, "The vulnerable subject: Anchoring equality in the human condition", *Yale Journal of Law and Feminism,* n. 20, 2008, pp. 1–23; M. FINEMAN, "The Vulnerable Subject and the Responsive State", *Emory Law Journal,* n. 60, 2010, pp. 251–275; A. TIMMER, "A Quiet Revolution: Vulnerability in the European Court of Human Rights" in M. FINEMAN e A. GREAR (a cura di), *Vulnerability: Reflections on a New Ethical Foundation for Law and Politics,* Farnham, Ashgate, 2013, pp. 147–170.

13 R. WEST, (a cura di), *Género y teoría del derecho,* Bogotá, Siglo de Hombres Editores, 2000.

ca. Come ricorda Rosemary Hunter[14], quando si rivolge l'attenzione alle strutture sociali che causano la vulnerabilità di genere l'obiettivo é smantellarle. In altre parole, la vulnerabilità di genere è una categoria con una vocazione trasformativa giacché implica non solo l'identificazione delle strutture sociali e delle istituzioni che creano, mantengono e rafforzano la vulnerabilità di genere, ma anche e soprattutto la sua trasformazione[15].

Il punto di partenza è la critica fondazionale della dicotomia pubblico/privato: la femminilizzazione della riproduzione e della cura non sono "questioni personali", ma pubbliche e quindi politiche[16]. A tal fine, le teorie femministe sostengono che i ruoli, gli atteggiamenti e le aspettative associati al femminile e al maschile, sebbene fortemente radicati, non sono naturanè o universali, ma costruzioni sociali contestuali e quindi modificabili. Concentrarsi sulla struttura sociale che determina la vulnerabilità ha permesso alle teorie femministe di riconoscere che, se il diritto e le politiche pubbliche non rimuovono attivamente gli ostacoli sociali per l'equa ridistribuzione, rico-

---

14 R. HUNTER, "Contesting the Dominant Paradigm: Feminist Critiques of Liberal Legalism" in V. MUNRO e M. DAVIES (a cura di), *The Ashgate Research Companion to Feminist Legal Theory*, Farnham, Ashgate, 2013, pp. 13–30.

15 S. FREDMAN, "Substantive Equality Revisited", *International Journal of Constitutional Law*, n. 14(3), 2016, 712–738.

16 S. FIRESTONE, *The Dialectic of Sex: The Case for Feminist Revolution*, London, Verso, 1970; A. DWORKIN, *Our Blood: Prophecies and Discourses on Sexual Politics*, New York, Harper & Row, 1976; C. PATEMAN, "Feminist critiques of the public/private dichotomy" in S. BENN e G.GAUS (a cura di), *Public and private in social life*, New York, St. Martin's Press, 1983, pp. 281–303; I. M., YOUNG, "Structural injustice and the politics of difference" in E. GRABHAM, D. COOPER, J. KRISHNADAS e D. HERMAN (a cura di), *Beyond intersectionality: Law, power and the politics of location*, New York, Routledge, 2009, pp. 273–299.

noscimento e rappresentanza[17], le istituzioni finiscono per perpetuare e rafforzare la vulnerabilità di In contrapposizione con.

Se il paradigma liberale dei diritti conferisce la loro titolarità agli individui, considerare la dimensione strutturale della categoria categoria della vulnerabilità –intesa come sovraesposizione al rischio di subire violazioni dei diritti umani– permette di vincolare la situazione di esposizione al rischio al contesto sociale, culturale, storico e istituzionale che la determina. Maria del Carmen Barranco Avilés[18] sottolinea che la categoria di "gruppo vulnerabile" l'esistenza di strutture sociali condivise che ostacolano in modo specifico i suoi membri rispetto al resto della popolazione, mettendoli in situazione di maggiore svantaggio. Queste strutture in base al gerarchie di genere, razza, classe, disabilità, orientamento sessuale, età, origine nazionale, lingua e religione definiscono lo spazio di azione e reazione individuale al contesto.

Questi sviluppi teorici hanno segnato una svolta per il diritto internazionale dei diritti umani che con la CEDAW ha superato la dimensione meramente formale dell'uguaglianza per includere la dimensione sostantiva. L'articolo 5 della CEDAW obbliga gli Stati firmatari a modificare i modelli sociali e culturali che determinano pregiudizi o pratiche basate su stereotipi sessisti e limitano la libertà di accesso delle donne al lavoro, alla partecipazione sociale e ai processi decisionali. Il Comitato CEDAW indica che gli Stati devono "trasformare realmente le opportunità, le istituzioni e i sistemi in modo che non siano più basati su modelli di vita e paradigmi di potere maschili storicamente determinati"[19]. Le aree d'azione includono ambiti

---

17 N. FRASER, *Justice interruptus. Critical reflections on the 'postsocialist' condition*, Londra, Routledge, 1997.

18 M. C. BARRANCO AVILÉS, "Derechos Humanos y vulnerabilidad. Los ejemplos del sexismo y el edadismo" cit. *supra* nota 10.

19 Comitato CEDAW, Raccomandazione Generale n. 25, § 10.

diversi ma collegati tra loro: in primo luogo, gli Stati devono incentivare la rappresentanza paritaria per garantire la presenza di donne e uomini nei governi, nelle aziende private e nel settore economico. Devono peraltro offrire istruzione con una prospettiva di genere e formazione permanente per rivelare i pregiudizi alla base dell'azione istituzionale e dell'erogazione dei servizi pubblici. Devono altresì garantire il diritto al trattamento paritario nei luoghi di lavoro, la conciliazione vita-lavoro e il diritto alla promozione. Devono infine correggere l'uso di un linguaggio sessista e l'oggettificazione del corpo femminile nelle rappresentazioni mediatiche.

Lourdes Peroni e Alexandra Timmer[20] sottolineano che, per un'efficace protezione dei diritti umani, è necessario indagare sulla relazione tra le situazioni individuali specifiche e le strutture sociali che le generano. La vulnerabilità di gruppo può essere usata solo come indicatore di una possibile esposizione al rischio, una sovraesposizione al danno e una maggiore probabilità di subire una violazione dei diritti. Quando però razza, genere, religione, orientamento sessuale, età o disabilità sono utilizzati ex ante come indicatori di esposizione al rischio di soffrire violazioni di diritti, è poi necessario indagare ex post sulle situazioni contestuali specifiche che hanno dato luogo all'effettiva violazione dei diritti individuali e collettivi. La categoria della vulnerabilità nella prassi giudiziaria può così consentire di dare risposta alle situazioni concrete di *effettiva* marginalizzazione nella redistribuzione, nel riconoscimento e nella rappresentanza di chi è potenzialmente vulnerabile, cioè maggiormente *esposto* al rischio di violazioni dei diritti a causa della propria situazione

---

[20] L. PERONI e A. TIMMER, "Vulnerable groups: The promise of an emerging concept in European Human Rights Convention law", cit. *supra* nota 2

sociale[21]. A questo limite procedurale se ne affianca un'altro di natura concettuale legato alla mancata definizionedella relazione tra cause strutturali, nozione di gruppo sociale e violazione dei diritti individuali. La nozione di gruppo vulnerabile utilizzata nei procedimenti giudiziari nasconde il fatto che le caratteristiche che definiscono la posizione sociale non sono immutabili e fisse. Inoltre, ignora l'esistenza di differenze significative tra coloro che si rappresentano come suoi membri, nonché la dimensione intersezionale della posizione sociale di coloro che subiscono una violazione dei diritti. Infine, produce l'effetto paradossale di condurre ad approcci vittimizzanti e stigmatizzanti che finiscono per aumentare la vulnerabilità che mirano a eliminare o compensare.

In definitiva, il limite fondamentale dell'appellare alla dimensione strutturale della vulnerabilità di genere è il suo effetto essenzializzante. Si presume che il genere sia una struttura uniforme e che le donne siano un collettivo omogeneo come se, per usare le parole di Gloria Hull e Patricia Scott[22], tutte fossero bianche, di classe media, eterosessuali e occidentali. Si fa riferimento alle strutture sociali in termini dicotomici e gerarchici (caucasico/altre etnie, maschio/femmina, cristiano/altre confessioni, eterosessuale/omosessuale o transessuale, adulto/ minore d'età, fisicamente e mentalmente sano/disabile) come fattori esplicativi della vulnerabilità sistemica, ma non si indaga

---

21 M. ANDERSON, "El concepto de vulnerabilidad: más allá de la focalización en los grupos vulnerables". *Revista Internacional de la Cruz Roja*, n. 19, 1994, pp. 336–341; M. BARRÈRE UNZUETA, "Martha A. Fineman y la igualdad jurídica: ¿Vulnerabilidad vs. Subordiscriminación?", *Cuadernos Electrónicos de Filosofía del Derecho*, n. 34, 2016, pp. 17–34.

22 G. HULL, P. SCOTT e B. SMITH, (a cura di), *All the Women are White, all the Blacks are Men, But Some of us are Brave: Black Women's Studies*, New York, The Feminist Press, 1982.

sulle modalità di costruzione del genere[23] o della razza[24]. La giurisprudenza internazionale tende a ricorrere alla categoria della vulnerabilità come una "etichetta" immutabile e rigida e a ignorare che una persona può soffrire diversi tipi di vulnerabilità "intrecciate"[25]. Peraltro, assumere le caratteristiche che generano vulnerabilità come "date" e "naturali" rende invisibili i processi di costruzione e interazione delle strutture sociali che definiscono la posizione individuale nel contesto specifico.

L'essenzializzazione della vulnerabilità naturalizza i processi di costruzione sociale attraverso i quali un gruppo viene definito[26] e finisce per riprodurre stereotipi[27]. Inoltre, come spiega Kimberlé Crenshaw[28], ignora che il genere è una strut-

---

23 J. W. SCOTT, "Deconstructing equality-versus-difference: Or, the uses of poststructuralist theory for feminism", *Feminist Studies*, n. 14(1), 1988, pp. 32–50; I. M. YOUNG, *Justice and the politics of difference.* Princeton: Princeton University Press, 1990; J. BUTLER, *Gender Trouble: Feminism and the Subversion of Identity*, New York, Routledge, 1990.

24 M. OMI, *e H.* WINANT, *Racial Formation in the United States: From the 1960s to the 1980s*, New York, Routledge, 1986; I. PERRY, More Beautiful and More Terrible: The Embrace and Transcendence of Racial in the United States, New York, New York University Press, 2011.

25 F. LUNA, "Elucidating the Concept of Vulnerability: Layers not Labels", cit. *supra* nota 11.

26 A. PHILLIPS, "What's wrong with Essentialism?", *Distinktion: Journal of Social Theory*, n. 11(1), 2010, pp. 47–60.

27 I. TRUSCAN, "Considerations of vulnerability: from principles to action in the case law of the European Court of Human Rights", *Retfærd: Nordic Journal of Law and Justice*, n. 142 (3), 2013, pp. 64–83.

28 K. CRENSHAW, "Demarginalizing the Intersection of Race and Sex: A Black Feminist Critique of Antidiscrimination Doctrine, Feminist Theory and Antiracist Politics", *University of Chicago Legal Forum*, n. 1, 1989, pp. 139–167; K. CRENSHAW, "Mapping the Margins: intersectionality, identity politics, and violence against women of colour", *Stanford Law Review*, n. 43, 1991, pp. 1241–1299.

tura sociale contestuale, storica e dinamica che interagisce con la razza, la posizione socio-economica, l'orientamento sessuale, la disabilità e l'origine nazionale generando forme specifiche di vulnerabilità. Il ricorso a una categoria della vulnerabilità naturalizzata e omogeneizzante porta a sottovalutare le "differenze che fanno la differenza" all'interno di un gruppo[29], generando esiti vittimistici e paternalistici che perpetuano le situazioni di vulnerabilità complessa in modo subdolo e, dunque, più complesso da smantellare.

2.3. La dimensione intersezionale della vulnerabilità

Il terzo nucleo concettuale della vulnerabilità sviluppato in seno alle teorie e alle pratiche femministe è legato alla sua dimensione intersezionale. Lo sviluppo di questo nucleo concettuale è legato allo spostamento dell'attenzione verso l'intersezione del genere con altre strutture che generano situazioni di vulnerabilità complessa. Il punto di partenza è il riconoscimento della diversità del posizionamento sociale delle donne. Patricia Hill Collins[30] spiega che le donne sono diversamente vulnerabili in funzione di una "matrice di dominazione" costituita non solo dal sessismo, ma anche dal razzismo, la xenofobia, la omofobia, la handifobia, la aporofobia, la colonialità e il nazionalismo. L'interazione di questi fattori non è però frutto di una

29 K. CRENSHAW, "Gender-related aspects of race discrimination" (EGM/GRD/2000/WP.1), Background paper for the United Nations Expert Meeting on "Gender and Racial Discrimination", November 21-24, Zagreb, Croatia, 2000.

30 P. HILL COLLINS, *Black Feminist Thought. Knowledge, consciousness, and the politics of empowerment*, Londra, Routledge, 1990.

somma aritmetica[31]. Al contrario, le strutture sociali "genderizzate" si intersecano con le altre strutture sociali che generano privilegio ed esclusione, generando forme specifiche di vulnerabilità complessa, che devono essere esplorate caso per caso.

La prospettiva intersezionale mette in evidenza che la definizione di gruppo vulnerabile implica presupporre l'esistenza di una certa omogeneità interna[32] e ignora le differenze tra coloro che si rappresentano come appartenenti a un gruppo. In particolare, ignora le differenze di genere quando il gruppo è definito in base alla razza[33] o le differenze razziali quando il gruppo è definito in base al genere[34]. Lo stesso rischio di omogeneizzazione si corre quando si utilizza lo status economico per definire un gruppo come vulnerabile, poiché la categoria della povertà ignora le differenze di genere e di etnia. Analogamente, la costruzione del gruppo vulnerabile in base allo status migratorio maschera le differenze di status economico, genere, etnia, religione e origine nazionale.

---

31 E. SPELMAN, *Inessential woman: Problems of exclusion in feminist thought*, Boston, Beacon, 1988.

32 M. FINEMAN, "Equality, Autonomy, and the Vulnerable Subject in Law and Politics" in M. FINEMAN e A. GREAR (a cura di), *Vulnerability: Reflections on a New Ethical Foundation for Law and Politics*, Farnham, Ashgate, 2013, pp. 13–26.

33 S. M. OKIN, "Is Multiculturalism Bad for Women?", in *Is Multiculturalism Bad for Women?*, J. COHEN, M. HOWARD e M. NUSSBAUM (a cura di), Princeton, Princeton University Press, 1999.

34 K. CRENSHAW, "Demarginalizing the Intersection of Race and Sex: A Black Feminist Critique of Antidiscrimination Doctrine, Feminist Theory and Antiracist Politics", *University of Chicago Legal Forum*, n. 1, 1989, pp. 139–167.

"Mettere costantemente in discussione l'essenzialismo in tutte le sue varianti" –per usare le parole di Avtar Brah[35]– significa porre con Mary Matsuda[36] "l'altra domanda". Quando ci troviamo di fronte a un caso di presunta vulnerabilità di genere, ad esempio, porre l'attenzione sull'intersezione tra il genere e altre strutture che generano vulnerabilità ci invita a chiederci in che modo anche il razzismo sia rilevante; ci invita a interrogarci sulla rilevanza dell'eterosessismo; allo stesso modo, siamo chiamati a indagare sulla sua connessione con la stratificazione di classe. L'obiettivo è identificare le forme di vulnerabilità invisibilizzate e quindi garantire protezione a quelle situazioni complesse che ne sono prive[37]. Secondo Florencia Luna[38], nessuna struttura sociale, considerata in modo isolato, è in grado di spiegare la situazione di chi soffre una

---

35 A. BRAH, C*artographies of Diaspora Contesting Identities*, Londra, Routledge, 1996, p. 156.

36 M. MATSUDA, "Beside my sister, facing the enemy: Legal theory out of coalition", *Stanford Law Review*, n. 43(6), 1991, pp. 1183–1192.

37 L'argomentazione giuridica ha riconosciuto che "quando ci sono due cause di discriminazione, non possono essere ridotte ordinatamente a componenti distinte" (Lam contro University of Hawaii, USA, 1994, traduzione propria). Il tentativo di dividere l'identità della parte ricorrente può distorcere o ignorare la natura particolare della sua esperienza. È stato anche sostenuto che "la natura della discriminazione è tale che non può sempre essere sensatamente suddivisa in categorie discrete. La discriminazione è spesso un'esperienza multiforme" (Ministry of Defence v Tilern De Bique, Regno Unito, 2010, traduzione propria). In questo modo, l'adozione dell'intersezionalità come criterio interpretativo nella prassi giudiziaria ha reso possibile la tutela di diritti che altrimenti non sarebbe stato possibile proteggere. Cfr. M. LA BARBERA, e M. CRUELLS, "Towards the Implementation of Intersectionality in the European Multilevel Legal Praxis: B. S. v. Spain", Law & Society Review, n. 53(4), 2019, pp. 1167–1201.

38 F. LUNA, "Elucidating the Concept of Vulnerability: Layers not Labels", cit. *supra* nota 11.

violazione di diritti. Questo approccio dinamico consente di tenere conto dei contesti e dei momenti storici, senza assumere la vulnerabilità di un gruppo come permanente o uniforme[39].

Negli ultimi due decenni, la dimensione intersezionale della vulnerabilità è stata progressivamente incorporata nel diritto internazionale dei diritti umani. Il Comitato CEDAW riconosce che l'intersezionalità è un concetto chiave per comprendere la portata degli obblighi internazionali degli Stati firmatari. Gli Stati devono riconoscere le forme di discriminazione intersezionale e il loro impatto negativo combinato sulla vita delle donne, adottando misure idonee per eliminarle[40].

Le Nazioni Unite hanno dichiarato la necessità di intensificare gli sforzi per garantire l'eguale godimento di tutti i diritti umani da parte di tutte le donne che si trovano ad affrontare molteplici barriere basate sul colore, l'etnia, l'età, la lingua, la cultura, la religione o la disabilità[41]. Il Comitato per l'eliminazione della discriminazione razziale riconosce che considerare separatamente la discriminazione di genere e quella razziale oscura gli effetti combinati del razzismo e della discriminazione di genere che colpiscono in particolare le donne afroamericane, indigene e migranti[42]. Riconosce altresì che le donne indigene subiscono forme multiple e sovrapposte di discriminazione basate su fattori quali il genere, l'età, l'etnia, la disabilità, lo status socio-economico, la povertà o il colonialismo. La Convenzione sui diritti delle persone con disabilità (art. 6)

---

39 F. LUNA, "Elucidating the Concept of Vulnerability: Layers not Labels", cit. *supra* nota 11; G. WINKER, e N. DEGELE, "Intersectionality as multi-level analysis: Dealing with social inequality", *European Journal of Women's Studies,* 18 (2011), pp. 51–66.

40 Comitato CEDAW, Raccomandazione generale n. 28, § 18.

41 Dichiarazione e Piattaforma d'azione di Pechino, art. 32.

42 Comitato CERD, Raccomandazione generale n. 25, § 1.

ha infine riconosciuto la discriminazione specifica di cui sono vittime le donne e le ragazze con disabilità.

Il ricorso all'intersezionalità come criterio interpretativo delle situazioni di vulnerabilità può aiutare a correggere gli effetti perversi dell'uso della categoria di vulnerabilità nella giurisprudenza dei tribunali internazionali dei diritti umani. La considerazione della dimensione intersezionale della vulnerabilità permette ai tribunali di riconoscere che gli individui diventano particolarmente vulnerabili a causa di un insieme dinamico di cause che interagiscono e generano situazioni specifiche di sovraesposizione alla violazione dei diritti che richiedono una protezione speciale da parte dello Stato. Permette cioè di evitare che la vulnerabilità venga considerata come una categoria statica, mettendo in evidenza che è piuttosto il risultato dell'interazione di strutture sociali, politiche e discorsive.

Riconoscere la dimensione intersezionale della vulnerabilità per interpretare la situazione di vulnerabilità della parte ricorrente permette di perseguire un duplice scopo. Da un lato, identificare le relazioni di potere e privilegio che danno forma alle strutture collettive in cui si articola l'esposizione soggettiva al rischio di violazione dei diritti; dall'altro, rivelare le interazioni dinamiche tra le diverse strutture che definiscono il posizionamento individuale all'interno dei gruppi sociali identificati come vulnerabili. In questo senso, la prospettiva dall'intersezionalità si presenta come uno strumento euristico utile per superare i limiti concettuali della categoria di vulnerabilità e sfruttarne il potenziale per proteggere e garantire i diritti umani in ambito giudiziario.

I limiti fondamentali della prospettiva intersezionale sono essenzialmente tre. Il primo limite è legato alla normativa: a livello nazionale, il diritto antidiscriminatorio è ancora articolato sulla base di una legislazione segmentata e non prevede meccanismi di protezione adeguati per coloro che subiscono discriminazioni intersezionali[43]. Il secondo limite è di natura concettuale: l'intersezionalità continua a essere confusa con la "discriminazione multipla", utilizzando l'approccio additivo che la prospettiva intersezionale ha criticato fin dall'inizio[44]. Ad esempio, sia la Convenzione Interamericana contro tutte le forme di discriminazione e intolleranza (2013) che la Convenzione Interamericana contro il razzismo, la discriminazione razziale e la correlata intolleranza (2013) fanno riferimento alla discriminazione multipla, indicando i diversi fattori di discriminazione, ma non alludono alle interazioni co-costitutive tra di essi che l'intersezionalità intende affrontare.

Infine, il terzo limite è di natura applicativa: considerare la molteplicità delle cause che rendono una persona o un collettivo vulnerabile aggiunge un livello di complessità aggiuntivo difficile da gestire[45]. Per semplificare, si tende a pensare che l'intersezionalità serva a concedere una maggiore compensazione quando si identifica più di un fattore di esposizione al rischio di soffrire una violazione dei diritti. Tuttavia, la prospettiva dell'intersezionalità non si propone, usando le parole di Ange–Marie Hancock[46], di "vincere le Olimpiadi dei più oppressi", ma di

---

43 M. LA BARBERA, "Intersectionality and its journeys: from counter-hegemonic feminist theories to law of European multilevel democracy", *Investigaciones Feministas*, n. 8(1), 2017, pp. 133–149.

44 E. SPELMAN, Elisabeth, *Inessential woman: Problems of exclusion in feminist thought*, Boston, Beacon, 1988; A-M. HANCOCK, "When multiplication doesn't equal quick addition: Examining intersectionality as a research paradigm", *Perspectives on Politics*, n. 5(1), 2007, pp. 63–79.

45 F. LUNA, "Elucidating the Concept of Vulnerability: Layers not Labels", cit. *supra* nota 11.

46 A-M. HANCOCK, "When multiplication doesn't equal quick addition: Examining intersectionality as a research paradigm", cit. *supra* nota 43.

fornire un'adeguata riparazione per le violazioni di diritti specifiche e individuare strumenti concreti per rimuovere le situazioni di vulnerabilità complessaper evitare che la violazione si ripeta in futuro.

3. LA VULNERABILITÀ DI GENERE NELLA GIURISPRUDENZA DELLA CORTE INTERAMERICANA

3.1. González e altri ("Campo Algodonero") contro Messico

In questa seconda parte del capitolo, ricorro alle tre dimensioni della vulnerabilità identificate nella sezione precedente –collettiva, strutturale, intersezionale– come criteri analitici per commentare due casi emblematici della Corte Interamericana dei diritti umani in materia di discriminazione di genere: González et al. contro Messico del 2009 ("Campo Algodonero") e Gonzales Lluy et al. contro Ecuador del 2015. Cercando di comprendere a quale dimensione della vulnerabilità si riferisca la Corte quando interpreta i fatti e identifica la violazione dei diritti umani e se poi faccia riferimento o meno alla stessa dimensione quando ordina le misure di riparazione e non ripetizione, in questa seconda parte del capitolo analizzo la coerenza tra diagnosi e prognosi, al fine di identificare limiti e potenzialità della categoria di vulnerabilità.

Il primo caso oggetto di analisi, "Campo Algodonero"[47], è considerato uno dei casi più emblematici in materia di discri-

---

[47] Corte Interamericana dei Diritti Umani, Caso González e altri ("Campo Algodonero") contro Messico, del 16 novembre 2009. La Corte condanna il Messico per la mancanza di dovuta diligenza nell'adempimento dei suoi doveri di prevenire, indagare e punire il rapimento,

minazione di genere[48]. Si tratta di una sentenza pionieristica della Corte Interamericana che ha individuato la responsabilità dello Stato per le cause strutturali della violenza di genere e ha ordinato misure specifiche per garantire la non ripetizione della violazione[49]. Per interpretare i fatti e identificare la violazione dei diritti umani nel caso in questione, la Corte Interamericana analizza le strutture sociali che hanno causato la vulnerabilità di genere e sostiene che i crimini sono stati perpetrati nel contesto di una "cultura di discriminazione nei confronti le donne" (§ 164) che ha condizionato sia le motivazioni che la modalità dei crimini e la risposta delle autorità[50].

---

l'abuso sessuale e l'omicidio di tre donne –due delle quali minorenni– da parte di attori non statali che sono rimasti impuniti (§ 149). Il Messico è stato ritenuto responsabile della violazione del diritto alla vita (art. 4.1 CADU), il diritto all'integrità (artt. 5.1 e 5.2) e alla libertà personale (art. 7.1), del diritto a un equo processo (8.1 e 25.1) e dei diritti dell'infanzia (art. 19) in combinato disposto con gli artt. 1.1 e 2 della Convenzione americana sui diritti umani. Inoltre, si osserva che il Messico non ha rispettato gli obblighi stabiliti dalla Convenzione di Belém do Pará. In particolare, il dovere di agire con la dovuta diligenza per prevenire, indagare e punire la violenza contro le donne e di includere nella propria legislazione le norme penali, civili e amministrative necessarie a prevenire, punire e sradicare tale violenza (Convenzione di Belém do Pará, art. 7.b) e 7.c).

48 CORTE INTERAMERICANA DE LOS DERECHOS HUMANOS, *40 años protegiendo derechos*, San José, Corte Interamericana de Derechos Humanos, 2018.

49 M. LA BARBERA, e I. WENCES, "The Polysemy of Gender Discrimination in the IACtHR Jurisprudence: Towards the Elimination of Structural Gender Discrimination through Transformative Reparations", *European Journal of Legal Studies*, n. 15(1), 2023, pp. 171–212.

50 Cfr. Véliz Franco et al. c. Guatemala (2014) dove la Corte argomenta che i fatti "si svolgono in un contesto strutturale di violenza di genere e di impunità, dove esiste anche una forte discriminazione nei confronti delle donne che si ripercuote nel procedimento penale

La Corte Interamericana riconosce che il rapimento, abuso sessuale e omicidio di Claudia Ivette Gonzáles, Esmeralda Herrera Monreal e Laura Berenice Ramos Monárrez è stata la manifestazione più evidente della vulnerabilità strutturale di genere che persiste in Messico. La Corte sostiene che la discriminazione contro le donne comprende "qualsiasi differenza di trattamento basata sul sesso che intenzionalmente o di fatto pone le donne in una posizione di svantaggio e impedisce il pieno riconoscimento dei loro diritti umani nella sfera pubblica e privata" (§ 394, *traduzione propria*).

Basandosi sulle Osservazioni del Comitato CEDAW del 2006 nei confronti del Messico, la Corte considera la dimensione strutturale della vulnerabilità di genere, ritenendo che la violenza di Campo Algodonero sia direttamente collegata alla subordinazione delle donne e agli stereotipi di genere socialmente dominanti in Messico[51]. Rileva inoltre che la struttura sociale discriminatoria ha permeato le politiche pubbliche, la prassi istituzionale così come le argomentazioni e il linguaggio della polizia giudiziaria coinvolta nel caso (§ 401). La Corte riconosce che né la legislazione né il modus operandi degli operatori giuridici sono neutrali. Al contrario, se non viene adottata una prospettiva di genere, le istituzioni riproducono e legittimano sia gli stereotipi sessisti che le strutture discriminatorie.

"Campo Algodonero" è un caso pionieristico perché attribuisce un nuovo contenuto al concetto di riparazione, sostenendo che, quando le violazioni avvengono in un contesto di

---

sull'omicidio della vittima" (traduzione propria). Analogamente anche Caso di Velásquez Paiz et al. v. Guatemala, 19 novembre 2015.

51 L. CLÉRICO e C. NOVELLI, "La inclusión de la cuestión social en la perspectiva de género: notas para re-escribir el caso Campo Algodonero sobre violencia de género", *Revista de Ciencias Sociales*, n. 67, 2016, pp. 453–487.

vulnerabilità strutturale, la *restitutio in integrum* –cioè il ripristino della situazione precedente e l'eliminazione degli effetti che la violazione ha prodotto– non è sufficiente. La Corte Interamericana sostiene che le misure di riparazione e non ripetizione devono avere anche la "vocazione di trasformare la situazione, in modo tale da avere non solo un effetto riparatore ma anche correttivo" (§ 450, *traduzione propria*) e che devono adottare una prospettiva di genere per "identificare ed eliminare i fattori causali della discriminazione" (§ 451, *traduzione propria*).

Al fine di stabilire misure di riparazione e non ripetizione, la Corte Interamericana si concentra sulle strutture sociali che generano la vulnerabilità di genere e ordina al Messico di implementare corsi di formazione permanenti con una prospettiva di genere per il corpo di polizia e le forze armate, per il personale delle procure e dei tribunali, e per il personale che fornisce assistenza legale alle vittime, con l'obiettivo di garantire la dovuta diligenza nelle indagini di polizia e nelle decisioni giudiziarie in materia di discriminazione e violenza di genere (§ 541).

Per eliminare la vulnerabilità strutturale di genere esistente in Messico, la Corte ordina anche la creazione di programmi di educazione per tutta la cittadinanza (§ 543), ma non indica nessuna delle riforme legislative strutturali richieste dal Comitato CEDAW nelle sue osservazioni nei confronti del Messico[52].

---

52 Le osservazioni del Comitato CEDAW del 2006 –che la Corte Interamericana utilizza per identificare il contesto e la violazione dei diritti subita– menzionano la mancanza di meccanismi di coordinamento interstatale per garantire l'uguaglianza tra donne e uomini; la mancanza di accesso delle donne ai servizi sanitari; l'alto tasso di mortalità materna; la persistenza della povertà e dell'analfabetismo femminile; la sottorappresentazione delle donne nelle posizioni dirigenziali, soprattutto a livello municipale e nel servizio estero;

Nell'ordinare la riforma della procedura penale, la Corte si limita a considerare la dimensione collettiva della vulnerabilità, con l'obiettivo di integrare le donne, quale gruppo vulnerabile, nelle indagini di polizia e nei procedimenti giudiziari da cui sono state storicamente escluse. Considerare la dimensione collettiva della vulnerabilità non consente però alla Corte di trasformare in profondità le istituzioni giuridiche che riproducono la discriminazione di genere. Permette cioè di modificare la punta dell'iceberg, ma non ne attacca le cause. Inoltre, "Campo Algodonero" adotta un approccio essenzializzante che considera le vittime unicamente come donne. Trascurando la dimensione intersezionale della vulnerabilità, la Corte ignora che le vittime erano donne indigene –due delle quali minorenni– che lavoravano nelle *maquilas*, in una situazione di sfruttamento.

Infine, nell'ordinare le misure di riparazione e non ripetizione, la Corte non considera la dimensione strutturale della vulnerabilità e, in particolare, che le strutture che generano la vulnerabilità di genere sono mantenute e rafforzate dal diritto e dalla prassi istituzionale. Pur avendo considerato la dimensione strutturale per l'interpretazione dei fatti, la Corte Interamericana non ordina la riforma della legislazione e delle pratiche istituzionali che riproducono la disparità di accesso delle donne a beni, diritti e opportunità. "Campo Algodonero" individua nella formazione degli attori istituzionali e nell'educazione della popolazione in generale le uniche misure per trasformare la dimensione strutturale della discriminazione.

---

la violazione sistematica dei diritti del lavoro delle donne, in particolare l'accesso alla sanità pubblica nell'industria delle *maquilas*; la mancanza di un'efficace protezione delle donne da tutte le forme di discriminazione, in particolare delle donne indigene e di quelle che vivono nelle aree rurali.

Riducendo le riforme lall'ambito delle indagini penali, la Corte perde un'opportunità fondamentale per indicare le riforme legali necessarie a sradicare la discriminazione strutturale di genere che causa la vulnerabilità di genere in Messico[53].

3.2. Gonzales Lluy contro Ecuador

Anche il secondo caso selezionato, Gonzales Lluy contro Ecuador[54], è di gran interesse perché, per la prima volta nella giurisprudenza della Corte Interamericana, incorpora in modo esplicito la prospettiva intersezionale[55]. Nell'identificare la viola-

---

53 R. RUBIO-MARÍN e C. SANDOVAL, "Engendering the reparations jurisprudence of the Inter-American court of human rights: The promise of the cotton field judgment", *Human Rights Quarterly* n. 33, 2011, pp. 1062–1091.

54 Corte Interamericana dei Diritti Umani, Caso Gonzales Lluy e altri contro Ecuador, 1° Settembre 2015.

55 Dopo Gonzales Lluy c. Ecuador, la prospettiva intersezionale è entrata in modo sistematico nell'argomentazione della Corte Interamericana. Nel caso Manuela e altri contro El Salvador, del 2 novembre 2021, la Corte ha ricordato che "Manuela era una donna con risorse economiche limitate, analfabeta e residente in una zona rurale. Se la discriminazione denunciata in questo caso fosse verificata, questi fattori di vulnerabilità o fonti di discriminazione convergerebbero in modo intersezionale, aumentando gli svantaggi comparativi della presunta vittima e causando una forma specifica di discriminazione dovuta alla confluenza di tutti questi fattori" (§ 253, traduzione propria). Nella sua opinione separata concorrente, il giudice Ricardo C. Pérez Manrique cita Kimberlé Crenshaw e afferma di intendere l'intersezionalità come "la confluenza, rispetto alla stessa persona o allo stesso gruppo di persone, della violazione di diversi diritti che li rende vittime di una maggiore discriminazione. La confluenza di discriminazioni multiple, a mio avviso, accresce l'effetto devastante sulla dignità umana delle persone che le subiscono e provoca una violazione dei diritti più intensa e diversificata rispetto a quando si

zione dei diritti subiti da Talía Gonzales Lluy e la sua famiglia, la Corte si concentra sull'intersezione tra il genere e altre strutture sociali che hanno generato la loro situazione di esposizione alla violazione dei diritti. La Corte riconosce che la ricorrente ha subito una discriminazione in quanto donna, minorenne, sieropositiva e in situazione di povertà. La Corte osserva che "vivere con l'HIV non è di per sé una disabilità. Tuttavia, in alcune circostanze, le barriere attitudinali affrontate da una persona affetta da HIV fanno sì che le circostanze del suo ambiente la pongano in una situazione di disabilità" (§ 238, *traduzione propria*). Inoltre, aggiunge la Corte, "la stigmatizzazione legata all'HIV non ha un impatto omogeneo su tutte le persone [...] e gli impatti sono più gravi sui gruppi già emarginati" (§ 290, *traduzione propria*).

La Corte si riferisce alla dimensione intersezionale della vulnerabilità concentrandosi sull'intersezione delle strutture che la generano e sostiene che nella violazione dei diritti subiti da Talía Gonzales Lluy e la sua famiglia "convergevano in modo intersezionale molteplici fattori di vulnerabilità e rischio di discriminazione [...]. Se uno di questi fattori non fosse esistito, la discriminazione sarebbe stata di natura diversa" (§ 290, *traduzione propria*). Per porre rimedio alla violazione del diritto alla salute, all'istruzione e all'alloggio, la Corte Interamericana ordina all'Ecuador di fornire a Talía cure mediche e psicologiche o psichiatriche gratuite, compresi i farmaci; di concederle una borsa di studio per proseguire gli studi universitari; di concederle una borsa di studio per conseguire un diploma post–laurea; e di fornirle gratuitamente un alloggio dignitoso.

---

configurano rispetto a un singolo diritto" (§ 9, *traduzione propria*). Nella stessa direzione si è pronunciato lo stesso giudice nella sua opinione separata concorrente nel caso Dipendenti della Fabbrica di Fuoco di Santo Antônio de Jesus contro Brasile, del 15 luglio 2020.

Per evitare il ripetersi di tali violazioni in futuro ed eliminarne le cause, la Corte ordina l'adozione di un programma di formazione del personale sanitario per "prevenire o invertire le situazioni di discriminazione subite dalle persone affette da HIV, e in particolare dalle ragazze e dai ragazzi" (§ 386, *traduzione propria*). Nelle misure di non ripetizione, la Corte non considera l'intersezione tra genere, classe e salute. Anche in questo caso, si concentra, sulle persone affette da HIV come gruppo ed ordina di adottare misure per garantire il diritto alla salute alle persone con HIV senza considerare le differenze di genere, età, classe ed etnia. Peraltro, non prevede programmi di formazione con effetto trasformativo per il personale responsabile negli altri due diritti violati: l'istruzione e l'alloggio (§ 378). Ordinare misure anche per questi ambiti avrebbe permesso di considerare l'intersezione dei diritti alla vita, alla salute, all'istruzione, all'alloggio, all'educazione e al giusto processo come violazioni interdipendenti e fornire una garanzia più efficace di non ripetizione.

Pur riconoscendo che avere l' HIV ha avuto un effetto particolarmente negativo per Talía in quanto donna indigena, la Corte non ordina all'Ecuador di intraprendere le riforme strutturali richieste dal Comitato CEDAW nelle sue osservazioni nei confronti dell'Ecuador per avanzare verso l'eliminazione della discriminazione di genere, e in particolare delle donne indigene in Ecuador[56]. In Gonzales Lluy, la dimensione interseziona-

---

56 Nel caso successivo Digna Ochoa e familiari contro Messico, del 25 novembre 2021, la Corte Interamericana ritiene che le "misure volte a mitigare i rischi [...] devono essere adottate con una prospettiva di genere e con un approccio intersezionale, in modo da fornire una protezione completa basata sulla considerazione, la comprensione e la centralità delle complessità delle forme differenziate di violenza [...]. Queste complessità includono fattori politici, sociali, economici, ambientali e sistemici, compresi gli atteggiamenti

le della vulnerabilità finisce così per ridursi a "discriminazioni multiple" che vengono segmentate e trattate separatamente.

Per continuare ad avanzare verso l'uguaglianza sostanziale, quando i tribunali internazionali si riferiscono alla dimensione strutturale e intersezionale della vulnerabilità nell'interpretazione dei fatti dovrebbero anche ordinare misure di non ripetizione che considerino tutti i diritti in gioco e la loro intersezione. Dato che la Corte Interamericana ha riconosciuto che l'HIV ha avuto un impatto particolarmente negativo su Talía Gonzales Lluy in quanto donna indigena in situazione di povertà, avrebbe dovuto ordinare riforme strutturali per eliminare la vulnerabilità di genere in Ecuador[57].

e le pratiche patriarcali che producono e riproducono" (§ 101, traduzione propria).

57 Secondo il Comitato CEDAW –nelle sue Osservazioni del 2015– la persistenza della discriminazione di genere in Ecuador è legata, tra l'altro, alla mancanza di visibilità e di conoscenza della CEDAW tra le autorità pubbliche; agli atteggiamenti sessisti stereotipati sessisti, rafforzati attraverso i media; all'assenza di un piano nazionale per l'eliminazione della violenza contro le donne; alla scarsa partecipazione delle donne alla vita pubblica, in particolare delle donne indigene e afro-ecuadoriane; alle difficoltà per le donne di accedere al lavoro formale. Cfr. Comitato per l'eliminazione della discriminazione contro le donne, Osservazioni conclusive sull'ottavo e nono rapporto periodico combinato nei confronti dell'Ecuador (CEDAW/C/ECU/CO/8–9) (2015), https://undocs.org/es/CEDAW/C/ECU/CO/8–9.

4. RIFLESSIONI CONCLUSIVE

Nei casi in esame, la Corte Interamericana riconosce che, sebbene la sua funzione sia quella di esaminare le violazioni individuali dei diritti umani, se la vulnerabilità è legata a situazioni di discriminazione strutturale, la natura della violazione é di tipo collettivo e non solo individuale. La Corte considera il genere come l'insieme delle strutture sociali che determinano un accesso diseguale alla redistribuzione, il riconoscimento e la rappresentanza. Argomenta inoltre che il genere opera all'interno di complesse matrici di gerarchie sociali in cui anche l'etnia, lo status socio-economico, la classe, l'orientamento sessuale e la salute giocano un ruolo essenziale. Peraltro, se la violazione dei diritti in esame ha avuto origine in fattori storici e sociali che sono riprodotti dal diritto e dalle istituzioni pubbliche, diventa necessario identificare l'obbligo positivo dello Stato di rimuovere gli ostacoli che impediscono l'uguale accesso ai diritti. La Corte è pioniera nell'ordinare misure di riparazione che devono costituire una garanzia di non ripetizione e avere una vocazione trasformativa con effetti correttivi. Tali misure di riparazione sono pionieristiche per il diritto internazionale dei diritti umani e costituiscono un modello per la Corte Europea dei Diritti Umani e la Corte africana dei diritti umani e dei popoli che non hanno ancora sviluppato giurisprudenza in tal senso.

Nonostante nell'interpretazione dei fatti la Corte riconosca la dimensione strutturale e intersezionale della vulnerabilità di genere, quando ordina le misure di riparazione considera solamente la dimensione collettiva ed omette di identificare tra gli obblighi positivi dello Stato riforme strutturali della legislazione e delle istituzioni pubbliche. L'analisi della coerenza tra diagnosi (qual è il problema?) e prognosi (cosa si dovrebbe fare per risolverlo?), realizzata in questo studio sulla base della proposta di Carol Bacchi[58], permette di identificare i limiti della categoria della vulnerabilità nella giurisprudenza internazionale, con l'obiettivo di contribuire a superarli.

La potenzialità della categoria della vulnerabilità come criterio interpretativo delle violazioni dei diritti umani è legato alla sua capacità di evidenziare le cause strutturali che determinano le violazioni sistematiche dei diritti, permettendo di considerare le violazioni dei diritti nella loro dimensione sostanziale e trasformativa. Il ricorso alla categoria della vulnerabilità implica la necessità di considerare le cause che generano la violazione dei diritti umani, identificando che tipo di decisioni, azioni o inazioni sono state prese e da chi. Il ricorso alla categoria della vulnerabilità nella prassi giudiziaria dei tribunali internazionali richiede non solo di sanzionare gli Stati in cui sono state commesse le violazioni identificate, ma anche di ordinare agli Stati di assumere un ruolo proattivo, adottando misure positive per promuovere i diritti umani e sradicare le cause delle violazioni dei diritti. I tribunali internazionali sono però ancora riluttanti nell'indicare agli Stati le misure da adottare per prevenire le violazioni dei diritti e combattere le loro cause sistemiche e solo raramente riconoscono la necessità di ridurre il margine di apprezzamento dello Stato condannato.

La categoria della vulnerabilità richiede una trasformazione –complessa e lenta– senza la quale, la vulnerabilità non può realizzare il suo potenziale trasformativo e, al contrario, continua a riprodurre la situazione di esclusione che cerca di eliminare. Se le cause strutturali identificate nell'interpretazione dei fatti (diagnosi) non sono considerate nelle misure di riparazione (prognosi), la vulnerabilità è svuotata di contenuto. Concordo

---

58 C. BACCHI, *Women, Policy and Politics: The Construction of Policy Problems*, cit. *supra* nota 4.

con Iyiola Solanke[59] che, se la categoria della vulnerabilità non si traduce in una trasformazione strutturale, questa categoria finisce per riprodurre effetti essenzializzanti, stigmatizzanti e vittimizzanti che aumentano la vulnerabilità.

Prendere sul serio le diverse dimensioni della categoria di vulnerabilità sviluppate in seno alle teorie e alle pratiche femministe ha implicazioni di enorme trascendenza per il diritto internazionale dei diritti umani. Mettendo in evidenza la necessità di intervenire in questioni considerate di competenza nazionale, la categoria della vulnerabilità mette in luce questioni legate alla cessione della sovranità nazionale che non sono ancora risolte né in seno al Consiglio d'Europa né all'Organizzazione degli Stati Americani. Se è vero, come afferma Catharine MacKinnon, che "il femminismo ha richiesto di ripensare tutto"[60], è anche vero che si tratta di una rivoluzione ormai ineludibile. Dato che l'uguaglianza di genere è uno degli Obiettivi di Sviluppo Sostenibile che le Nazioni Unite intendono raggiungere entro il 2030, è necessario porre in atto tutte le azioni necessarie per eliminare le discriminazioni strutturali in tutti gli ambiti individuati dalla CEDAW.

---

59 I. SOLANKE, *Discrimination as Stigma: A Theory of Anti-discrimination Law,* Oxford, Bloomsbury Publishing, 2016.

60 C. MACKINNON, "Points against postmodernism", *Chicago-Kent Law Review,* n. 75(3), 2000, p. 690, *traduzione propria.*

Il paradigma della vulnerabilità e la giurisdizione

BALDASSARE PASTORE
Università degli Studi di Ferrara

1. LA VULNERABILITÀ COME CATEGORIA INTERPRETATIVA

"Vulnerabilità" si dice in molti modi e può manifestarsi in molteplici forme: si tratta di un fenomeno di ampio spettro[1]. L'utilizzo della nozione in svariati e differenti ambiti (individuali, sociali, istituzionali, economici, fisici, tecnologici e biotecnologici) conferma la necessità di prenderla sul serio e di assumerla come paradigma grazie al quale interpretare vari aspetti del reale, nonché dar conto della precarietà, della fragilità, dell'insicurezza, delle minacce che incidono sulla vita degli individui. La vulnerabilità, infatti, riguarda la possibilità sempre presente di subire danni e offese. In questo senso concerne la questione della tutela dei diritti fondamentali ed è al centro dell'idea di una responsabilità comune che richiede impegni istituzionali orientati a compensare, attenuare, eliminare le situazioni che producono violazioni riguardanti i soggetti nella concretezza della loro esistenza[2].

---

1 K. BROWN, K. ECCLESTONE, N. EMMEL, "The Many Faces of Vulnerability", *Social Policy & Society*, 16, n. 3, 2017, pp. 497-510.

2 M.A. FINEMAN, "The Vulnerable Subject and the Responsive State", *Emory Law Journal*, 60, 2010, pp. 255-256, 269.

L'utilizzo della nozione di "paradigma" a proposito della vulnerabilità rinvia al suo caratterizzarsi come strumento di comprensione, idoneo a riassumere le coordinate di inquadramento di un problema o una serie di problemi. Svolge, da questo punto di vista, una funzione "esplicativa", fornendo una cornice, un orizzonte, per la percezione di una serie di fenomeni riguardanti aree di esperienza e per catturarne le manifestazioni. Svolge, inoltre, una funzione "critica", di valutazione della realtà, e una funzione "propositivo-costruttiva", dinamica, che guarda agli ordinamenti, nella direzione della loro legittimazione[3].

La questione tocca specificamente la vulnerabilità "patogena", che costituisce un sottoinsieme della vulnerabilità "situazionale", in quanto condizione legata ai momenti della vita individuale e ai diversi contesti entro cui si articolano le relazioni intersoggettive[4]. La vulnerabilità patogena include i casi derivanti da pregiudizi o abusi nei rapporti interpersonali, da discriminazioni, dall'ingiustizia, dall'oppressione, dalla violenza prodotte in ambito socio-politico[5]. Essa designa la condizione

3 A. GREAR, "Vulnerability, Advanced Global Capitalism and Co-symptomatic Injustice: Locating the Vulnerable Subject", in M.A. FINEMAN, A. GREAR (eds.), *Vulnerability. Reflections on a New Ethical Foundation for Law and Politics*, Ashgate, Farnham-Burlington, 2013, p. 42; B. PASTORE, *Semantica della vulnerabilità, soggetto, cultura giuridica*, Giappichelli, Torino, 2021, pp. 3-4; G. ZANETTI, *Filosofia della vulnerabilità. Percezione, discriminazione, diritto*, Carocci, Roma, 2019, pp. 16, 24.

4 M.A. FINEMAN, "The Vulnerable Subject: Anchoring Equality in the Human Condition", *Yale Journal of Law and Feminism*, 20, n. 1, 2008, pp. 8-10; M. GARRAU, *Politique de la vulnérabilité*, CNRS Éditions, Paris, 2018, pp. 19-20.

5 C. MACKENZIE, W. ROGERS, S. DODDS, "Introduction: What Is Vulnerability and Why Does It Matter for Moral Theory?", in EADD.

di chi è esposto al rischio di un danno causato dall'essere una persona alla mercé di altri[6]. Da questo punto di vista, vulnerabilità significa assenza di difesa, o di una difesa sufficiente, di fronte ai pericoli che pesano sugli individui: difesa dalla quale dipende la capacità di progettare e di condurre la propria vita.

Il riferimento a tale condizione fornisce un dispositivo idoneo a comprendere *chi* siano i soggetti da tutelare, attraverso meccanismi giuridico-istituzionali, e *come* (*dove* e *quando*) tali soggetti vadano tutelati, tenuto conto delle specifiche situazioni, evitando che si producano stereotipizzazioni atte a rappresentarli come intrinsecamente e inevitabilmente deboli.

Va evidenziato, in proposito, che gli impegni di tutela dei soggetti esposti al rischio di subire disparità (ingiustificate) di trattamento, emarginazioni, esclusioni sono vincoli di giustizia "interni" alle organizzazioni giuridico-politiche costituzionali[7]. Questi vincoli, peraltro, hanno a che fare con l'idea centrale dello Stato di diritto (*rule of law*), la cui finalità propria è quella di fornire protezione e strumenti di tutela contro l'esercizio arbitrario del potere: sia del potere esercitato dai governanti sui governati (*verticale*), sia del potere esercitato dai membri di una società su altri membri (*orizzontale*)[8].

(eds.), *Vulnerability. New Essays in Ethics and Feminist Philosophy*, Oxford University Press, Oxford-New York, 2014, p. 9; C. MACKENZIE, "The Importance of Relational Autonomy and Capabilities for an Ethics of Vulnerability", ivi, p. 39.

6 E. FERRARESE, *Vulnerability and Critical Theory*, Brill, Leiden-Boston, 2018, pp. 1, 24, 81.

7 B. PASTORE, *Semantica della vulnerabilità, soggetto, cultura giuridica*, cit., p. 51.

8 Per una approfondita riflessione sul tema si rinvia a G.J. POSTEMA, *Law's Rule. The Nature, Value, and Viability of the Rule of Law*, Oxford University Press, Oxford, 2022.

La questione riguarda la sicurezza giuridica, che, per l'individuo, significa in primo luogo salvaguardia delle aspettative (che assumono la forma di diritti) nei confronti di poteri (pubblici e privati) arbitrari e irragionevoli, ed è volta a proteggere tali aspettative dalle conseguenze incerte e imprevedibili da essi prodotte.

La sicurezza giuridica si connette alla legalità, intesa come "primato del diritto", "supremazia del diritto" , che rimanda ad alcuni requisiti. Richiede che ogni atto sia considerato giuridicamente rilevante se, e solo se, è giuridicamente previsto come tale, talché la competenza normativa di ogni organo pubblico deve esercitarsi nel rispetto di, e attraverso, norme valide, ossia nelle forme e con le procedure da queste stabilite. Pretende che l'attività dei poteri pubblici e privati debba svolgersi entro una cornice di regole e di princìpi riconosciuti (negli Stati costituzionali si tratta, per molti versi, di enunciati vertenti sui diritti fondamentali) che ne restringano la discrezionalità, funzionando come criteri di controllo, talché questi poteri risultano soggetti al (e dunque vincolati dal) diritto, sia riguardo alle forme sia riguardo ai contenuti del loro esercizio. Esige che l'applicazione delle leggi ai casi concreti, nelle controversie, si realizzi attraverso l'opera di un'autorità giudiziaria, indipendente, cioè estranea al sistema dei poteri, e imparziale, cioè estranea agli interessi delle parti in causa, che agisca conformemente al diritto. Reclama, inoltre, che nessuno goda di privilegi arbitrari o di ingiustificate dispense dall'osservanza delle regole giuridiche [9]. Siffatti requisiti sono quelli propri dello Stato di diritto, che si caratterizza come pre-condizione della garanzia di relazioni simmetriche di riconoscimento e di inclusione sociale nell'ottica della eguale dignità di tutti gli individui.

9 B. PASTORE, *Semantica della vulnerabilità, soggetto, cultura giuridica,* cit., p. 50.

L'uso della categoria della vulnerabilità, in questo ambito, orienta il contenuto specifico dei diritti fondamentali nella direzione del soddisfacimento di una soglia minima sotto la quale la dignità sarebbe violata in modo insopportabile. La vulnerabilità, così, opera come spia che segnala una serie di caratteristiche (discriminazione, esposizione all'offesa e al danno, mancanza di riconoscimento) dalle quali possono scaturire conseguenze che vanno contrastate grazie ai diritti.

2. IL RUOLO DELLA GIURISDIZIONE

Agli organi giurisdizionali è affidato il compito della riconoscibilità *certa* delle regole, che presuppone l'interpretazione e l'argomentazione a partire dalle fonti del diritto, e della loro *certa* attuazione, realizzata attraverso l'accertamento dei fatti rilevanti per l'applicazione delle regole, che richiede l'acquisizione e la valutazione delle prove.

La funzione essenziale della giurisdizione consiste nell'applicazione di norme a fattispecie concrete. Tale funzione consiste nel risolvere controversie che attengono alla qualificazione normativa di una determinata condotta e che concernono la classificazione di un caso individuale, cioè la sua appartenenza ad una determinata fattispecie astratta (ad una classe di casi).

La giurisdizione si struttura intorno ad alcuni princìpi, rinvianti a specifiche tecniche che ne configurano l'attività e ne consentono il controllo. Si tratta dell'indipendenza e imparzialità della magistratura, della pubblicità delle procedure, della legittimazione processuale, del diritto di difesa, del principio del giudice naturale precostituito per legge, della pubblicità dei processi, del principio del contraddittorio, dell'obbligo di motivazione delle sentenze, della loro pubblicazione, della loro impugnabilità[10]. Tali princìpi rientrano tra gli elementi caratterizzanti il modello dello Stato di diritto (*rule of law*), che è volto a circoscrivere il più possibile lo spazio dell'arbitrio e della sopraffazione nella vita sociale.

La giurisdizione svolge il compito di assicurare la giustiziabilità della violazione dei diritti. Si configura, pertanto, come apparato istituzionale che rende possibile l'attuazione di quelle garanzie riparatorie dirette a eliminare o a ridurre il danno prodotto e/o a punirne i responsabili, attraverso l'annullabilità degli atti invalidi e la sanzione degli illeciti compiuti[11]. Da ciò consegue che, almeno in linea di principio, nessun diritto esiste davvero se non è assistito dalla tutela giurisdizionale. Vi è, dunque, un legame intrinseco tra l'effettiva esistenza di un diritto e la possibilità di farlo valere in giudizio nei casi di violazione o di mancata attuazione. Senza garanzia giurisdizionale si hanno solo mere (e vuote) proclamazioni retoriche dei diritti[12].

La positivizzazione dei diritti richiede l'intervento della giurisdizione, dal momento che è nel giudizio che essi ricevono una pienezza di significato e manifestano la loro effettiva portata normativa, in connessione con i concreti ambiti di vita e i peculiari problemi che essi pongono. Ed è nel giudizio giurisdizionale che i diritti operano come ragioni giustificative per ulteriori configurazioni normative delle spettanze che richiedono riconoscimento e protezione[13]. I diritti, infatti, presentano una "apertura semantica", intesa come potenzialità di senso

---

10 B. PASTORE, *Decisioni, argomenti, controlli. Diritto positivo e filosofia del diritto,* Giappichelli, Torino, 2015, pp. 44-47.

11 Cfr. L. FERRAJOLI, *Principia iuris. Teoria del diritto e della democrazia.* 1. *Teoria del diritto,* Laterza, Roma-Bari, 2007, pp. 669-670, 675 ss.

12 M. TARUFFO, *Verso la decisione giusta,* Giappichelli, Torino, 2020, p. 44.

13 B. PASTORE, *Semantica della vulnerabilità, soggetto, cultura giuridica,* cit., pp. 42-44.

che si lega all'emersione di bisogni, interessi, beni ritenuti meritevoli di protezione, centrati sulla persona umana, considerata nelle sue diverse dimensioni esistenziali. È in ragione di tale caratteristica che diritti già in precedenza riconosciuti si precisano in forme diverse e/o emergono "nuovi" diritti.

L'attività giurisdizionale, dunque, risulta essenziale per l'accertamento e l'attuazione dei diritti, per la loro riformulazione attualizzatrice, ma anche per la creazione di diritti che prima non esistevano e che vengono in essere a seguito della pronuncia del giudice che li riconosce[14].

3. L'ACCESSO ALLA GIUSTIZIA COME DIRITTO "DI SECONDO GRADO"

La giurisdizione costituisce la modalità dell'accesso alla giustizia del caso concreto. L'accesso alla giustizia si configura come diritto fondamentale "di secondo grado", in quanto funzionale alla tutela di altri diritti[15]. In questo senso, svolge

---

14 M. TARUFFO, *Verso la decisione giusta*, cit., pp. 49-50.

15 Cfr. R. GUASTINI, *La sintassi del diritto*, Giappichelli, Torino, 2011, pp 97-98. L'accesso alla giustizia rientra tra le "garanzie secondarie" di cui parla Ferrajoli. Le *garanzie secondarie* (o *strumentali*, o *processuali*, o *giurisdizionali*) sono volte ad assicurare un'effettività delle garanzie primarie tramite l'annullabilità e l'individuazione della responsabilità per gli atti commessi in violazione di esse. Le *garanzie primarie* riguardano i divieti e gli obblighi correlativi alle aspettative negative o positive corrispondenti ai diritti di libertà e ai diritti sociali. Le garanzie secondarie servono per attuare la *giustiziabilità* delle violazioni delle garanzie primarie. Cfr. L. FERRAJOLI, *Principia iuris. Teoria del diritto e della democrazia. 1. Teoria del diritto*, cit., pp. 668-670, 676; ID., *Principia iuris. Teoria del diritto e della democrazia. 2. Teoria della democrazia*, Laterza, Roma-Bari, 2007, p. 305.

un ruolo centrale nello Stato di diritto, ponendosi come suo elemento caratterizzante[16].

Molti sono i documenti normativi, a livello internazionale, sovranazionale e nazionale, che ne fanno riferimento[17]. Si considerino, ad esempio, l'art. 8 della Dichiarazione universale dei diritti umani[18], l'art. 6 della Convenzione per la salvaguardia dei diritti dell'uomo e delle libertà fondamentali[19], l'art. 8 della Convenzione americana sui diritti umani[20], l'art. 7 della Carta africana dei diritti dell'uomo e dei popoli[21], l'art.

---

16 F.J. ANSUÁTEGUI ROIG, "El acceso a la justicia como elemento del Estado de Derecho: modelos y evaluaciones", in F.J. ANSUÁTEGUI ROIG, M.C. BARRANCO AVILÉS (Editores), *Acceso a la justicia y vulnerabilidad,* Dykinson, Madrid, 2023, pp. 161-179.

17 Per una panoramica in merito, cfr. F. FRANCIONI, M. GESTRI, N. RONZITTI, T. SCOVAZZI (eds.), *Accesso alla giustizia dell'individuo nel diritto internazionale e dell'Unione europea, Giuffrè,* Milano, 2008.

18 "Ogni *individuo* ha diritto ad un'effettiva possibilità di ricorso a competenti tribunali contro atti che violino i diritti fondamentali a lui riconosciuti dalla costituzione o dalla legge".

19 "Ogni *persona* ha diritto a che la sua causa sia esaminata equamente, pubblicamente ed entro un termine ragionevole da un tribunale indipendente e imparziale, costituito per legge, il quale sia chiamato a pronunciarsi sulle controversie sui suoi diritti e doveri di carattere civile o sulla fondatezza di ogni accusa penale formulata nei suoi confronti".

20 "Ogni persona ha diritto ad essere ascoltato, con le dovute garanzie e entro un termine ragionevole, da un tribunale competente, indipendente e imparziale, precostituito per legge, per la determinazione di qualunque accusa di natura penale presentata contro di lui o per la determinazione dei suoi diritti o obblighi in materia civile, di lavoro, fiscale o di ogni altra natura".

21 "Ogni persona ha diritto a che le sue ragioni siano ascoltate. Ciò comprende: a) il diritto di investire le competenti giurisdizioni nazionali di ogni violazione dei diritti fondamentali che gli sono riconosciuti e garantiti dalle convenzioni, dalle leggi, dai regolamenti e dalle consuetudini in vigore".

47 della Carta dei diritti fondamentali dell'Unione Europea[22], l'art. 24 della Costituzione italiana[23], l'articolo 24 della Costituzione spagnola[24].

È da segnalare, inoltre, che, a livello delle Nazioni Unite, l'obiettivo 16 dell'Agenda 2030 per lo sviluppo sostenibile, adottata dall'Assemblea Generale il 25 settembre 2015 con la Risoluzione n. 70/1, è centrato sull'accesso alla giustizia per tutti, in condizioni di parità, ed è considerato come una condizione imprescindibile per la realizzazione della legalità (*rule of law*)[25].

---

[22] "Ogni persona i cui diritti e le cui libertà garantiti dal diritto dell'Unione siano stati violati ha diritto a un ricorso effettivo dinanzi a un giudice, nel rispetto delle condizioni previste nel presente articolo. Ogni persona ha diritto a che la sua causa sia esaminata equamente, pubblicamente ed entro un termine ragionevole da un giudice indipendente e imparziale, precostituito per legge. Ogni persona ha la facoltà di farsi consigliare, difendere e rappresentare. A coloro che non dispongono di mezzi sufficienti è concesso il patrocinio a spese dello Stato qualora ciò sia necessario per assicurare un accesso effettivo alla giustizia".

[23] "Tutti possono agire in giudizio per la tutela dei propri diritti e interessi legittimi. La difesa è diritto inviolabile in ogni stato e grado del procedimento. Sono assicurati ai non abbienti, con appositi istituti, i mezzi per agire e difendersi davanti ad ogni giurisdizione".

[24] "1. Tutte le persone hanno il diritto di ottenere tutela effettiva dai giudici nei tribunali nell'esercizio dei loro diritti e interessi legittimi senza che, in nessun caso, si verifichi la mancanza di difesa. 2. Similmente tutti hanno diritto al giudice naturale predeterminato dalla legge, al patrocinio legale, a essere informati dell'accusa formulata contro di loro, a un processo pubblico senza indebite dilazioni e con tutte le garanzie, a utilizzare i mezzi di prova pertinenti alla loro difesa…".

[25] L'obiettivo 16 dell'Agenda 2030 è intitolato *Pace, giustizia e istituzioni solide.*

Invero, l'attenzione all'accesso alla giustizia rientra, da alcuni decenni, tra gli aspetti che connotano gli ordinamenti giuridici contemporanei e segnala uno spostamento dalla prospettiva dei soggetti istituzionali alla prospettiva dei cittadini e dei loro bisogni e delle loro spettanze. Viene assunto, in tal modo, un punto di vista "dal basso", centrato sulla partecipazione e cooperazione dei consociati alla produzione e alla legittimazione del diritto[26].

L'accesso alla giustizia si configura come *garanzia procedurale* di importanza essenziale. É, come già sottolineato, un diritto fondamentale che diventa effettivo quando vi è consapevolezza della titolarità di un'esigenza di giustizia[27], poiché si è in grado di riconoscere la violazione di un proprio diritto. Siamo, qui, di fronte ad una questione che riguarda la *vulnerabilità cognitiva* delle persone e che attiene ad almeno due momenti. Il primo è quello della *conoscibilità dei propri diritti* da parte di tutti i cittadini, posto che nessun accesso alla giustizia può realizzarsi per chi non sa di avere un diritto tutelabile. Il secondo è quello della *conoscenza delle modalità* che occorrono per accedere alla giustizia, posto che, se un soggetto nulla sa di tribunali e avvocati, non può servirsene. Di non poco conto, inoltre, è il problema della *disponibilità economica* idonea ad affrontare i costi di un procedimento giudiziario[28]. Dunque, spesso l'individuo non sa di avere un diritto e come potrebbe farlo valere, o non ha la possibilità concreta di accedere ad un tribunale e pagarsi un avvocato.

---

[26] Cfr. M. CAPPELLETTI, "Accesso alla giustizia come programma di riforma e come metodo di pensiero", *Rivista di diritto processuale*, 37, 1982, pp. 243-245.

[27] Si rinvia, sul punto, a M. MATIAŠKO, "Access to Justice through Lenses of Vulnerability and Equality: a Dialogue between Philosophy and Law", *ERA Forum*, n. 22, 2022, pp. 717-727.

[28] M. TARUFFO, *Verso la decisione giusta*, cit., p. 6.

Non può non evidenziarsi, a tal proposito, che la presenza di questi fattori produce una crisi di effettività dell'accesso alla giustizia, con uno svuotamento della garanzia giurisdizionale, che aggrava le situazioni di diseguaglianza. Il processo, infatti, non sempre è accessibile a tutti (e in moltissimi casi ciò non accade), benché tutti hanno formalmente il diritto di accedere ai tribunali. È per queste ragioni che in molti ordinamenti si effettuano, o si propongono, interventi diretti ad assicurare il *legal aid* ai soggetti che non hanno accesso alla giustizia a causa delle loro condizioni sociali ed economiche. Va detto, però, che gli interventi pubblici in tema di *legal aid* hanno esiti sostanzialmente deludenti, poiché assicurare l'accesso alla giustizia a tutti coloro che ne avrebbero bisogno richiede investimenti di dimensioni difficili da sostenere.[29]. In uno Stato costituzionale di diritto, tuttavia, non può essere elusa la responsabilità istituzionale nel contrasto a quella *vulnerabilità sociale,* intesa come minaccia all'autodeterminazione delle persone dovuta ad un inserimento instabile nei sistemi di integrazione sociale e di distribuzione delle risorse [30], che è una delle cause principali dei vuoti di tutela.

Un modo per correggere, almeno in parte, tale svantaggio è quella di prevedere e attuare forme di azione collettiva (di accesso collettivo alla giustizia), talché la decisione giudiziale possa toccare un numero consistente di situazioni giuridiche individuali che singolarmente non troverebbero una via giuri-

---

29 Idem, pp. 4-7. Taruffo, in proposito, fa riferimento all'esistenza di una rilevantissima "cifra nera" che riguarda i "vuoti di tutela" che colpiscono specialmente i poveri e che manifestano il grado di ineffettività della garanzia dell'accesso di tutti alla giustizia.

30 Cfr. C. RANCI, "Fenomenologia della vulnerabilità sociale", *Rassegna italiana di sociologia,* 43, n. 4, 2002, pp. 538, 545-546. Si veda anche M.A. FINEMAN, 'The Vulnerable Subject and the Responsive State', cit., pp. 256-257.

sdizionale. Si tratta della *class action*, grazie alla quale gli effetti della decisione che conclude il processo sono usufruiti da tutti gli appartenenti ad un gruppo individuato in base all'identità delle questioni proposte in giudizio. L'istituto della *class action* trova applicazione in diversi ordinamenti (dove peraltro variano le regole sulla legittimazione ad agire, la disciplina sullo svolgimento del processo e gli effetti delle sentenze) con riguardo a molteplici materie (ad esempio, la tutela contro le discriminazioni, la protezione dei consumatori, il risarcimento dei danni ambientali)[31]. Tale strumento, però, non risolve il problema dell'accesso alla garanzia giurisdizionale per i soggetti socialmente ed economicamente svantaggiati, sui quali ricadono le assenze di conoscibilità prima evidenziate.

Il problema delle limitazioni legate alle condizioni personali, comunque, non interessa solo l'accesso ma, in generale, la efficace fruizione della giurisdizione lungo tutto il percorso che va dal momento della identificazione di un problema da risolvere giuridicamente allo svolgimento del processo (che deve essere rapido, o almeno di durata ragionevole, ed efficiente, e deve produrre una decisione giusta, ossia fondata su un accertamento veritiero dei fatti che hanno dato luogo alla controversia e su una corretta applicazione del diritto a quei fatti), fino alla esecuzione della sentenza. Rileva, qui, la garanzia della completezza della tutela, attraverso la disponibilità di misure cautelari e di forme di esecuzione capaci di assicurare la protezione effettiva dei diritti[32]. Certamente si deve prendere atto che spesso il rimedio giurisdizionale giunge troppo tardi rispetto alle esigenze reali di tutela, ma vi è da dire che un sistema processuale funzionante è tenuto ad assicurare tale tutela.

---

[31] Per un sintetico ma puntuale inquadramento del tema si rinvia a M. TARUFFO, *Verso la decisione giusta*, cit., pp. 7-9.

[32] Idem, p. 17.

Non va dimenticato, a questo riguardo, che i diritti non possono essere tutelati in modo uniforme ed equo senza sostegno pubblico, dal momento che comportano costi elevati e impongono alle finanze pubbliche significativi oneri economici[33]. Un'eguale tutela implica, peraltro, un dovere nei confronti dei soggetti svantaggiati. L'assistenza legale a tali soggetti è un segno di riconoscimento che si lega ad un impegno istituzionale diretto a promuovere l'inclusione e l'eguale considerazione e rispetto di tutti coloro che fanno parte di una comunità politica[34].

4. LA CONCRETIZZAZIONE GIUDIZIALE

Le situazioni di svantaggio delle persone rinviano alla condizione di vulnerabilità. Essa può dipendere dalla difficoltà a condurre un'esistenza nella quale non sia compromessa la possibilità di soddisfare i bisogni e le esigenze della vita. Vi sono, infatti, beni essenziali per ogni essere umano che non è possibile manomettere, violare, calpestare, senza compiere un torto. Proprio in quest'ottica trova applicazione il riferimento alla vulnerabilità nella sua valenza euristica[35], al fine di individuare le circostanze riguardanti la mancanza di protezione, l'esposizione al rischio di un danno, una condizione indifesa in cui i danni possono essere, o sono stati, prodotti. La vulnerabilità,

---

33 S. HOLMES and C. SUNSTEIN, *The Cost of Rights. Why Liberty Depends on Taxes*, W.W. Norton & Company, New York–London, 1999, pp. 15, 19, 29-31, 45.

34 Idem, pp. 203-205, 219.

35 Alla vulnerabilità come "*heuristic device*" fa riferimento M.A. FINEMAN, "The Vulnerable Subject: Anchoring Equality in the Human Condition", cit., p. 9.

allora, si pone come "indicatore qualitativo e/o quantitativo"[36] e "campanello d'allarme"[37] di tali circostanze.

Il diritto percorre i territori della vulnerabilità e svolge una funzione importante nel contrastarla, fornendo risposte nei termini di una protezione adeguata alle domande di tutela avanzate dai soggetti. Le istituzioni sono chiamate a svolgere la prestazione di contenere, di ridurre, di contrastare i *vulnera* che riguardano le persone. Tale impegno si esplica attraverso l'adozione di misure normative idonee a riequilibrare o a eliminare gli effetti vulneranti, sia in relazione ad obblighi positivi preventivi, sia in relazione ad obblighi positivi di risarcimento (di riparazione), sia in relazione agli obblighi promozionali.

In generale, il diritto incontra la vulnerabilità ogniqualvolta si tratti di fornire protezione per certe situazioni esistenziali nella direzione del riequilibrio delle posizioni soggettive, del divieto di discriminazione, del rimedio alle asimmetrie di potere (di natura contrattuale, economica, sociale, informativa). Un siffatto compito implica la predisposizione di tutele idonee, dislocate su vari livelli e funzionali al bene protetto. Centrale, qui, come si è già detto, è il ruolo della giurisdizione.

La complessità delle situazioni dei soggetti vulnerati richiede protezioni attente alle specificità di volta in volta emergenti. Ciò, per molti versi, si connette alla questione dell'accesso ai sistemi di tutela, la cui difficoltà, peraltro, pone gli individui in una situazione di vulnerabilità sulla quale, a loro volta, posso-

---

36 S. ZULLO, "Lo spazio sociale della vulnerabilità tra «pretese di giustizia» e «pretese di diritto». Alcune considerazioni critiche", *Politica del diritto*, 47, n. 3, 2016, pp. 477-478, 486.

37 L. CORSO, "Vulnerabilità e concetto di diritto", in L. CORSO e G. TALAMO (a cura di), *Vulnerabilità di fronte alle istituzioni e vulnerabilità delle istituzioni*, Giappichelli, Torino, 2019, p. 12.

no innestarsi ulteriori processi di marginalizzazione. È in gioco, infatti, la effettiva possibilità delle persone di far valere le loro spettanze e viene in evidenza una configurazione del diritto nel quale interagiscono le dinamiche legate alle richieste provenienti dagli individui e le procedure articolate nei settori istituzionali di formazione delle decisioni che partecipano, nel quadro dello Stato costituzionale di diritto, alla positivizzazione giuridica[38].

Il processo di costituzionalizzazione del diritto (centrato sul valore della persona, nella sua condizione esistenziale) mette in primo piano il fatto e *il caso concreto*. Dal fatto sorge la domanda di giustizia, la cui risposta viene trovata nella formulazione della regola da applicare. L'attenzione si sposta sulle specificità deli rapporti e delle relazioni sociali in cui ciascuno è collocato e ciò, in ambito giuridico, rende preminente il momento giudiziale.

La nostra è l'età della giurisdizione. L'attività giurisdizionale diventa un aspetto qualificante dell'esperienza giuridica del tempo presente, dove la regola nasce nel momento della sua applicazione in relazione alla peculiarità del caso, che in tal modo assume una valenza direttiva nell'individuare la stessa regola. Qui l'attività astrattizzante, connessa alla dimensione classificatoria e tipizzante della fattispecie, cede il passo alla valutazione casistica delle circostanze riguardanti la tutela della persona concretamente situata. Ciò consente di riflettere sul ruolo che il concetto di vulnerabilità assume nella prassi interpretativo-applicativa e nelle modalità argomentative ad essa collegate. Diventa saliente, allora, prendere in considerazione come l'idea di vulnerabilità operi, in sede

---

38 B. PASTORE, *Semantica della vulnerabilità, soggetto, cultura giuridica*, cit., p. 82.

di concretizzazione giudiziale, nel ragionamento giuridico, a cui ricorrono gli organi dell'applicazione per giustificare le loro decisioni e che ha, come conclusione, una norma individuale, ritenuta idonea a risolvere il caso. L'attenzione si concentra sugli aspetti pragmatico-funzionali di un concetto elastico, il cui significato non può essere delineato con precisione e che sottostà ad una molteplicità di requisiti applicativi, nonché sui profili riguardanti la giustificazione della soluzione interpretativa.

In questa prospettiva, la nozione di vulnerabilità, nel suo collegarsi alla violazione dei diritti fondamentali in quanto pertinenti ai bisogni autentici, ai beni e agli interessi essenziali della persona, può svolgere un compito euristico legato al ragionamento giustificativo, inteso come insieme delle ragioni addotte a sostegno della conclusione raggiunta dall'interprete e dei passaggi sviluppati per giungervi. Il suo uso in sede giudiziale presuppone un modello di *situated decision-making* giurisdizionale, che si fonda sulle caratteristiche individuali dei soggetti coinvolti nella controversia, prestando attenzione alle circostanze particolari e approntando le misure che, con riferimento al caso, possono salvaguardare il soggetto vulnerabile attraverso una protezione adeguata. Accertare tali circostanze significa procedere all'individuazione delle situazioni (varie, diversificate, aventi gradi differenti di intensità) e al loro apprezzamento. La nozione di vulnerabilità diventa uno strumento per identificare la violazione e un parametro per la valutazione del caso[39].

L'accertamento del fatto si pone come problema cruciale della decisione. I fatti costituiscono il punto di partenza del ragionamento giudiziale e il criterio guida dell'intera opera-

---

39 Idem, pp. 91-92.

zione interpretativo-applicativa. Acquisire i dati di fatto e operare una loro corretta valutazione giuridica presuppone che essi siano messi in correlazione con le norme, in un processo di progressiva precisazione reciproca, all'interno di un'attività di categorizzazione che origina da una vicenda umana. Il caso giuridico è la vicenda articolata e ordinata, vista dal giudicante, a partire da una domanda-guida che deriva da un'esigenza di regolamentazione e dalle richieste di tutela avanzate[40].

I fatti sono frutto di selezioni, che implicano il rinvio ai criteri in funzione dei quali si opera la selezione. La "rilevanza giuridica" è senza dubbio un criterio essenziale, ma non è risolutivo. Interviene anche la "rilevanza logica", grazie alla quale alcuni fatti possono essere utilizzati come premesse da cui trarre inferenze in merito all'accertamento dei fatti giuridicamente rilevanti. È da evidenziare, però, che la rilevanza del fatto deriva altresì dall'attribuzione di autonoma importanza a specifiche circostanze, che diventano significative in riferimento a giudizi di valore, di carattere sociale, morale, politico. È in base a siffatti giudizi che si individuano i fatti che "meritano" di essere assunti nel giudizio giurisdizionale. Solo *dopo* si stabilisce se vi sia una norma che si adatta a questi fatti, attribuendo ad essi una qualificazione giuridica. La categoria del "soggetto vulnerabile", o del "gruppo vulnerabile", agisce a questo livello del percorso argomentativo, entrando in gioco *prima* della qualificazione degli accadimenti, degli eventi, dei comportamenti, alla luce dei materiali giuridici.

Lo scenario che ruota intorno ai soggetti vulnerabili (a livello individuale e/o collettivo) trova nella giurisdizione – che sempre più si muove all'interno di un complesso insieme nor-

---

[40] B. PASTORE, F. VIOLA, G. ZACCARIA, *Le ragioni del diritto*, Il Mulino, Bologna, 2017, pp. 234-236.

mativo dove si intrecciano materiali appartenenti a differenti centri di produzione giuridica – un luogo essenziale per l'accertamento delle situazioni di aggressione che ledono le spettanze proprie delle persone e per la loro protezione.

Senza dubbio la determinazione dei contenuti oggettivi e soggettivi della vulnerabilità non è operazione agevole. Ma se l'essere vulnerabili esprime la condizione esistenziale delle persone, la loro tutela non può non porsi come stella polare, che i giudici sono tenuti a seguire, e come misura ordinante interna alla pratica interpretativo-applicativa, in quanto momento essenziale del processo formativo del diritto. Di un diritto in ascolto delle richieste provenienti dagli individui, con il loro bagaglio di bisogni, di interessi e di offese subite.

El acceso a la justicia de las personas en condición de vulnerabilidad. Una mirada desde la discapacidad

JUAN MANUEL FERNÁNDEZ MARTÍNEZ
Magistrado de la Sala de lo Civil y Penal del Tribunal Superior de Justicia de Navarra
Vocal del Consejo General del Poder Judicial
Presidente del Foro Justicia y Discapacidad

1.- LA RAZÓN DE SER DEL DERECHO A LA TUTELA JUDICIAL EFECTIVA

"…. El sistema judicial se debe configurar, y se está configurando, como un instrumento para la defensa efectiva de los derechos de las personas en condición de vulnerabilidad. Poca utilidad tiene que el Estado reconozca formalmente un derecho si su titular no puede acceder de forma efectiva al sistema de justicia para obtener la tutela de dicho derecho. Si bien la dificultad de garantizar la eficacia de los derechos afecta con carácter general a todos los ámbitos de la política pública, es aún mayor cuando se trata de personas en condición de vulnerabilidad dado que éstas encuentran obstáculos mayores para su ejercicio. Por ello, se deberá llevar a cabo una actuación más intensa para vencer, eliminar o mitigar dichas limitaciones. De esta manera, el propio sistema de justicia puede contribuir de forma importante a la reducción de las desigualdades sociales, favoreciendo la cohesión social." (Exposición de Motivos de las Reglas de Brasilia).

Esta configuración de la tutela judicial enlaza con la teoría de Ferrajoli, para quien los derechos sociales y derechos de libertad, en tanto que leyes del más débil, son el fundamento de la igualdad jurídica[1]. Efectividad que, no obstante, no está nunca garantizada, porque, como afirma el citado autor, no es una "graciosa concesión jurídica, sino que es siempre el efecto de cotidianas y a veces costosas conquistas".

El sistema judicial asume, por tanto, un relevante papel para la efectividad de los derechos reconocidos por la normativa legal. El reconocimiento de un derecho por la norma jurídica carece de sentido si el Estado no configura un mecanismo que permita su aplicación efectiva, es decir, que posibilite su cumplimiento eficaz en caso de violación o desconocimiento.

El constitucionalismo moderno, surgido en la segunda mitad del Siglo XX, ha alumbrado un Poder Judicial, hasta entonces encorsetado en su papel de boca muda que pronuncia las palabras de la ley. Surge entonces un nuevo poder que obliga a reformular las relaciones entre los clásicos existentes hasta entonces. Nace la figura de un juez, que, sin desvincularse del principio de legalidad, del que se nutre su legitimidad democrática, fiscaliza y controla la acción de los otros poderes, con los que entra en dialogo, a través de diferentes vías de comunicación. Nace el guardián de las promesas[2], el juez como garante de los derechos humanos.

Los ciudadanos encuentran en el ámbito judicial la garantía última de sus derechos, la esperanza última de que su condición de persona, de su dignidad está garantizada. De ahí la trascendental importancia del derecho a la tutela judicial efectiva.

---

1 L. FERRAJOLI *Derechos y Garantías. La ley del más débil*, 4ª edición, Editorial Trotta, 2004.

2 A. GARAPON, *Juez y Democracia*, Editorial Flor del Viento, 1997.

2. SU RECONOCIMIENTO INTERNACIONAL

Este derecho aparece formulado en todos los textos internacionales sobre derechos humanos, así: en la Declaración Universal de los Derechos Humanos, aprobada por la O.N.U. el 10 de diciembre de 1948 ; El Convenio Europeo para la Protección de los Derechos Humanos y de las Libertades Fundamentales, más conocido como la Convención Europea de Derechos Humanos, adoptado por el Consejo de Europa el 4 de noviembre de 1950, que entró en vigor en 1953 (artículo 6); el Pacto Internacional de Derechos Civiles y Políticos adoptado por la Asamblea General de las Naciones Unidas mediante la Resolución 2200 A (XXI), de 16 de diciembre de 1966 (artículo 14); la Carta de los Derechos Fundamentales de la Unión Europea.

Y, por supuesto, en la Convención sobre los Derechos de las Personas con Discapacidad, artículo 13. Esta óptica del acceso a la Justicia de las personas con discapacidad se refleja también en otro texto internacional de gran interés, "Las Reglas de Brasilia sobre Acceso a la Justicia de las Personas en Condición de Vulnerabilidad", aprobadas en el seno de la XIV Cumbre Judicial Iberoamericana, 4 a 6 de marzo de 2008[3][4]. Citados estos textos centraré mi atención en el ámbito nacional.

---

3 Actualizadas en la Asamblea Plenaria de la XIX edición de la Cumbre Judicial Iberoamericana, abril de 2018, Quito-Ecuador

4 Es reseñable la amplitud del concepto de "persona en condición de vulnerabilidad" que utiliza este texto. "Sección 2ª.- Beneficiarios de las Reglas
"1.- Concepto de las personas en situación de vulnerabilidad
Una persona o grupo de personas se encuentran en condición de vulnerabilidad, cuando su capacidad para prevenir, resistir o sobreponerse a un impacto que les sitúe en situación de riesgo, no está desarrollada o se encuentra limitada por circunstancias diversas,

3. SU RECONOCIMIENTO CONSTITUCIONAL

El derecho de acceso a la Justicia es, obviamente, de rango constitucional, derecho fundamental establecido en el artículo 24 de la Constitución[5], siendo la clave de bóveda de una sociedad democrática regida por el Estado de Derecho.

A pesar de la aparente sencillez de su redacción, el precepto tiene un hondo calado. La primera consecuencia que se deri-

---

para ejercitar con plenitud ante el sistema de justicia los derechos reconocidos por el ordenamiento jurídico.
En este contexto se consideran en condición de vulnerabilidad aquellas personas quienes, por razón de su edad, género, orientación sexual e identidad de género, estado físico o mental, o por circunstancias sociales, económicas, étnicas y/o culturales, o relacionadas con sus creencias y/o prácticas religiosas, o la ausencia de estas encuentran especiales dificultades para ejercitar con plenitud ante el sistema de justicia los derechos reconocidos por el ordenamiento jurídico.
Podrán constituir causas de vulnerabilidad, entre otras, las siguientes: la edad, la discapacidad, la pertenencia a comunidades indígenas, a otras diversidades étnicas – culturales, entre ellas las personas afrodescendientes, así como la victimización, la migración, la condición de refugio y el desplazamiento interno, la pobreza, el género, la orientación sexual e identidad de género y la privación de libertad.
La concreta determinación de las personas en condición de vulnerabilidad en cada país dependerá de sus características específicas, o incluso de su nivel de desarrollo social y económico."

5 "1. Todas las personas tienen derecho a obtener la tutela efectiva de los jueces y tribunales en el ejercicio de sus derechos e intereses legítimos, sin que, en ningún caso, pueda producirse indefensión.
2. Asimismo, todos tienen derecho al Juez ordinario predeterminado por la ley, a la defensa y a la asistencia de letrado, a ser informados de la acusación formulada contra ellos, a un proceso público sin dilaciones indebidas y con todas las garantías, a utilizar los medios de prueba pertinentes para su defensa, a no declarar contra sí mismos, a no confesarse culpables y a la presunción de inocencia.

va de su formulación es el derecho de acceso a los tribunales, esto es el derecho que tiene cualquier persona de acudir a los órganos jurisdiccionales para pedir la tutela de un derecho o interés legítimo que entienda que le corresponde. Desde un punto de vista negativo puede formularse como el derecho que prohíbe que se establezcan obstáculos que impidan a una persona presentar su reclamación ante un órgano judicial, lo cual es muy relevante al hablar del ejercicio de este derecho por quienes tienen más dificultades o están en una situación de vulnerabilidad. Pero antes de entrar en la consideración de este derecho desde el punto de vista de la Discapacidad, haré algunas reflexiones de índole general que contextualicen el desarrollo posterior.

Siguiendo a Díez-Picazo[6] cabe afirmar que, mientras que las garantías del proceso penal han sido siempre uno de los elementos clásicos de toda genuina declaración de derechos, el derecho de acceso a los tribunales es una creación del constitucionalismo de la segunda mitad del siglo XX y tiene como objetivo elevar a la categoría de derecho fundamental una exigencia inherente a la idea de Estado de Derecho, a saber: que todos los derechos e intereses legítimos -esto es, cualesquiera situaciones jurídicamente relevantes- puedan ser, llegado el caso, defendidos ante un órgano judicial, de manera que no existan supuestos de denegación de justicia. Este era un problema bastante frecuente antes de la entrada en vigor de la Constitución, ya que había no pocas situaciones, especialmente en el ámbito de la actuación de las Administraciones públi-

---

La ley regulará los casos en que, por razón de parentesco o de secreto profesional, no se estará obligado a declarar sobre hechos presuntamente delictivos."

6 L. M. DÍEZ-PICAZO, *Sistema de Derechos Fundamentales,* Tirant lo Blanch, Primera edición 2021, Capítulo XV, páginas 411 y ss.

cas respecto de los particulares, que estaban exentas de control judicial. Pues bien, esta visión bipartita, que se desprende de la lectura del referido precepto constitucional, (dos grupos de derechos diferenciados: en su primer apartado, un derecho de acceso a los tribunales; en su segundo apartado, las garantías clásicas del proceso penal), era probablemente la que tenía en mente el propio constituyente.

Ocurre, sin embargo, que, ya desde los primeros momentos de aplicación la Constitución, el Tribunal Constitucional ha venido haciendo una interpretación que rompe con esa estructura de dos partes claramente diferenciadas. Es indudable que ello ha enriquecido el significado del art. 24 CE, pero, al mismo tiempo, también ha contribuido a complicarlo notablemente. En la base de todo ello están dos grandes iniciativas jurisprudenciales: (i) por un lado, entender que algunas de las garantías del apartado segundo no son solo predicables del proceso penal, sino también de todos los demás procesos (civil, contencioso-administrativo, social, militar); (ii) por otro, afirmar que el apartado primero no reconoce solo un derecho de acceso a los tribunales, sino también, que una vez iniciado el proceso, las partes tienen derecho a que los tribunales se comporten de un determinado modo (derecho a una resolución de fondo, derecho a la ejecución de las resoluciones firmes, etc.). De aquí que, más que en dos partes, según el referido autor, la estructura del art. 24 CE pueda dividirse en cuatro grandes grupos de derechos:

a. El derecho de acceso a los tribunales, que es el derecho a la tutela judicial efectiva en sentido estricto.
b. El derecho al juez ordinario predeterminado por la ley.
c. Las garantías genéricas todo proceso, o derecho al proceso debido.
d. Las garantías específicas del proceso penal.

Estos derechos constituyen el entramado fundamental de la relación de los particulares con el Poder Judicial. Debe destacarse que el art. 24 CE es, a muchísima distancia de todos los demás, el precepto más frecuentemente invocado en materia de derechos fundamentales; y ello, sencillamente, porque permite impugnar ante el Tribunal Constitucional, por la vía del recurso de amparo, prácticamente cualquier resolución judicial definitiva con independencia de cuál sea el grado del órgano judicial o la importancia objetiva del asunto.

Es obligado resaltar que, precisamente mediante esa ingente jurisprudencia producida al hilo de recursos amparo que invocan el art. 24 CE, el Tribunal Constitucional ha ido adaptando el Derecho Procesal y, más aún, la práctica forense a las exigencias de un moderno Estado democrático de Derecho. Desde esta perspectiva, la constitucionalización de muchos aspectos del derecho procesal, con la consiguiente inflación de recursos de amparo, no sería sino, concluye el profesor y magistrado Díez-Picazo, el precio a pagar por la depuración de malos usos en la administración de justicia española.

4. DERECHO DE ACCESO A LA JUSTICIA Y TUTELA JUDICIAL EFECTIVA

La satisfacción de este derecho constitucional ha tenido un desarrollo bidireccional, en dos sentidos compatibles y confluyentes. Por un lado, la necesidad de que el acceso a los tribunales tuviera el camino allanado, libre de obstáculos meramente formalistas; y, por otro, la exigencia de que, una vez producido el acceso, la tutela otorgada por los tribunales sea real, sea efectiva.

El primero de los referidos aspectos se corresponde con el significado primigenio de derecho de acceso a la jurisdicción. Según la jurisprudencia constitucional, la idea de que no debe haber trabas en el acceso a la jurisdicción trae consigo ciertas consecuencias necesarias o inherentes. Estas consecuencias quedan resumidas en el principio *pro actione*, en virtud del cual la tutela judicial efectiva no consiste solo en una prohibición de inmunidad frente al control judicial, sino también en una obligación positiva del Estado de interpretar y aplicar las leyes -en especial, las leyes procesales- de la manera más favorable posible para la efectiva iniciación del proceso. Así, el principio *pro actione* implica:

a. que deben evitarse los denominados "formalismos enervantes", esto es, los requisitos puramente ritualistas -previstos por las leyes y, aún más a menudo, por la pura práctica forense- que dificultan el ejercicio de acciones judiciales;

b. toda persona cuyos derechos pueden verse afectados por el proceso debe ser emplazada, para darle la oportunidad de ser parte; la citación por edictos a los demandados, sin cuya presencia no puede iniciarse el proceso, es utilizable solo como último remedio, cuando todos medíos de citación personal se hayan revelado infructuosos;

c. debe evitarse la inadecuada utilización de la dirección electrónica para los emplazamientos;

d. y las cauciones legalmente previstas no pueden ser excesivas o desproporcionadas

e. etc.

Hasta aquí el significado primario de la tutela judicial efectiva, que es probablemente el único que había contemplado el constituyente. Ahora bien, el Tribunal Constitucional ha ido bastante más allá, utilizando el argumento de que la tutela judicial debe ser "efectiva": no basta que haya un acceso sin restricciones a la jurisdicción, sino que ello ha de servir para algo. Esta ampliación por vía jurisprudencial del contenido del derecho a la tutela judicial efectiva en sentido estricto se ha manifestado en varias direcciones:

a. Prohibición de indefensión. La tutela judicial efectiva abarca, tal como indica expresamente el propio art. 24.1 CE, el derecho a no sufrir jamás indefensión. La indefensión consiste, según jurisprudencia constitucional constante, en la privación o limitación no imputable al justiciable de cualesquiera medios legítimos de defensa de la propia posición dentro del proceso; y, por ello mismo, hay indefensión cuando falta una plena posibilidad de contradicción y de hacer las alegaciones que el interesado crea más convenientes.

b. Resolución de fondo y motivada. La tutela judicial efectiva comprende, asimismo, el derecho a obtener una resolución motivada sobre el fondo de la solicitud dirigida al órgano judicial; es decir, el juez ha de pronunciarse razonadamente sobre lo que le piden las partes. La resolución sobre el fondo, en todo caso, ha de estar provista de una motivación congruente y razonable. El deber de motivación se halla en el art. 120.3 CE, dentro del Título VI de la Constitución, relativo al Poder Judicial, por lo que su incorporación jurisprudencial al derecho a la tutela judicial efectiva es relevante no tanto a efectos del control de constitucionalidad de las leyes, como a efectos de reparar las eventuales vulneraciones del mismo mediante recurso de amparo. La motivación ha de ser, ante todo, razonable. La resolución sobre el fondo del asunto ha de ser, además, congruente. La resolución sobre el fondo no puede ser arbitraria. El deber que sobre el juez pesa de decidir de conformidad con el sistema de fuentes establecido se proyecta, asimismo, sobre la actividad interpretativa: el art. 24 CE exige que se apoye en cánones de interpretación y aplicación de las leyes generalmente admitidos por la comunidad jurídica, quedando proscrita la utilización de criterios interpretativos extravagantes.

c. Acceso a los recursos. La tutela judicial efectiva incluye el derecho a los recursos previstos por las leyes procesales.

d. Intangibilidad de las resoluciones firmes. También forma parte de la tutela judicial efectiva el derecho a la intangibilidad de las resoluciones judiciales firmes, así como a la ejecución de las mismas.

5. DERECHO AL PROCESO DEBIDO

Del art. 24.2 CE se desprende un conjunto de garantías que, si bien se originaron en el proceso penal, la jurisprudencia constitucional las considera exigibles a todo proceso (civil, social, contencioso-administrativo y militar). Suelen denominarse colectivamente como "derecho al proceso debido", siguiendo una fórmula, hoy bastante extendida, que evoca la idea angloamericana de *due process of law*; o también, en expresión del art. 6 CEDH, "*derecho a un proceso equitativo*". La idea de fondo es que para la realización del Estado de Derecho no basta que haya un derecho fundamental de acceso a los tribunales, acompañado de todos sus corolarios de efectividad, antes vistos (resolución motivada, acceso a los recursos, intangibilidad de las resoluciones firmes), sino que es preciso, además, que los procesos se desarrollen siguiendo ciertas exigencias de corrección o, por acudir a la fórmula del propio art. 24.2 CE, "*con todas las garantías*". Solo así los litigantes podrán aceptar que el proceso es justo, abstracción hecha de cuál sea el resultado final del mismo. Y es aquí donde podemos ubicar unas exigencias procesales necesarias para la efectividad del derecho que estamos examinando cuando es ejercitado por personas con discapacidad.

6. LOS AJUSTES DEL PROCEDIMIENTO

Como he señalado anteriormente, el derecho de acceso a la Justicia de los ciudadanos puede verse constreñido, limitado o dificultado por circunstancias varias, entre ellas las que tienen que ver con la Discapacidad. La eliminación de tales obstáculos y barreras es, conforme he reseñado, un deber de los poderes públicos, un mandato constitucional, que encuentra, en el ámbito específico de la Justicia, su proclamación en la Carta de los Derechos de los Ciudadanos ante la Justicia[7].

Esta accesibilidad incluye los sistemas y las tecnologías de la información y las comunicaciones, artículo 22 de la Ley General, previsión que ha de ponerse en relación con la Ley 18/2011, de 5 de julio, reguladora del uso de las tecnologías de la información y la comunicación en la Administración de Justicia[8], que supuso el gran punto de inflexión en esta materia, estableciendo un verdadero marco tecnológico para el servicio público de Justicia, más allá de la utilización de herramientas tecnológicas concretas como el ordenador o los sistemas de gestión procesal.

Como he dicho antes el derecho de acceso a la Justicia está proclamado en el artículo 13 de la Convención sobre

---

7 El Pleno del Congreso de los Diputados, el 16 de abril de 2002, aprobó por unanimidad de todos los grupos parlamentarios, como proposición no de ley, el texto de la Carta de derechos de los ciudadanos ante la Justicia, que establece un catálogo de derechos de los usuarios de la Justicia.

8 Esta ley ha sido derogada por el Real Decreto-ley 6/2023, de 19 de diciembre, por el que se aprueban medidas urgentes para la ejecución del Plan de Recuperación, Transformación y Resiliencia en materia de servicio público de justicia, función pública, régimen local y mecenazgo

los Derechos de las Personas con Discapacidad, de 13 de diciembre de 2006[9].

El interés de este precepto, por lo que atañe al tema que nos ocupa hoy, lo que lo singulariza, añadiendo un requisito adicional al concepto genérico antes aludido, "derecho al proceso debido", radica en la expresión "incluso mediante ajustes del procedimiento".

Los "ajustes" consisten en la adaptación que se realiza en una norma, una práctica, una condición o un requisito para tener en cuenta las necesidades específicas de una persona con discapacidad, con el fin de que esa persona pueda acceder a la Justicia plenamente y en condiciones de igualdad en sus tres planos:

a. Plano físico, para tener plena accesibilidad física a los edificios e instalaciones judiciales

b. Plano comunicacional, para recibir la información de forma efectiva utilizando los medios adecuados: sistema Braille, formatos digitales, accesibilidad web, textos de lectura fácil, lenguaje de signos, entre otros

---

9 "Artículo 13. "Acceso a la justicia.
1. Los Estados Partes asegurarán que las personas con discapacidad tengan acceso a la justicia en igualdad de condiciones con las demás, incluso mediante ajustes de procedimiento y adecuados a la edad, para facilitar el desempeño de las funciones efectivas de esas personas como participantes directos e indirectos, incluida la declaración como testigos, en todos los procedimientos judiciales, con inclusión de la etapa de investigación y otras etapas preliminares
2. A fin de asegurar que las personas con discapacidad tengan acceso efectivo a la justicia, los Estados Partes promoverán la capacitación adecuada de los que trabajan en la administración de justicia, incluido el personal policial y penitenciario."

c. Plano procesal o legal, para participar en los procesos judiciales para defender un derecho propio (demandante, demandado, acusado…)

Por tanto, en primer lugar, habrá que detectar la propia necesidad de un ajuste; en segundo lugar, deberán determinarse las específicas medidas que resultan adecuadas en el caso concreto; y, por último, será necesario valorar si las mismas resultan razonables. De esta manera, resulta relevante que el juez, fiscal, abogado, que ha de afrontar la situación, tenga un amplio conocimiento y sensibilización sobre la discapacidad y sobre las barreras que obstaculizan la participación de las personas con discapacidad en el acceso a la Justicia.

Dejando al margen las barreras físicas, me ocuparé de los otros dos aspectos mencionados. La comprensibilidad de las actuaciones procesales es *conditio sine qua non* para que se dé la tutela judicial efectiva. En los últimos tiempos se habían producido significativos avances en este campo, principalmente en el orden jurisdiccional penal, pero sin duda la reforma operada en la Ley de Enjuiciamiento Civil por la ley 8/21, de 2 de junio, por la que se reforma la legislación civil y procesal para el apoyo a las personas con discapacidad en el ejercicio de su capacidad jurídica, ha supuesto un aldabonazo en este aspecto de crucial importancia.

El legislador español, atendiendo a las obligaciones derivadas de la Convención, ha venido a consagrar normativamente lo que hasta ahora no era, en la mayoría de los casos, más que un conjunto de buenas prácticas procesales. Algunos pasos habían sido dados con anterioridad, y en tal sentido cabe destacar la Ley 27/2007, de 23 de octubre, por la que se reconocen las lenguas de signos españolas y se regulan los medios de apoyo a la comunicación oral de las personas sordas, con discapacidad auditiva y sordociegas, cuyo artículo 21, párrafo segundo, contiene una previsión específica respecto de la Administración de Justicia, señalando que se promoverán las condiciones adecuadas, tales como formación y disponibilidad de medios de apoyo a la comunicación oral. Pero otros instrumentos, como la lectura fácil o la figura del facilitador, tenían una aplicación muy escasa y desigual.

La citada ley 8/21 introdujo el concepto de ajustes del procedimiento en la ley procesal civil, artículo 7 bis[10], que,

---

[10] Artículo 7 bis. Ajustes para personas con discapacidad y personas mayores.
1. En los procesos en los que participen personas con discapacidad y personas mayores que lo soliciten o, en todo caso, personas con una edad de ochenta años o más, se realizarán las adaptaciones y los ajustes que sean necesarios para garantizar su participación en condiciones de igualdad.
A estos efectos, se considerarán personas mayores las personas con una edad de sesenta y cinco años o más.
En el caso de las personas con discapacidad, dichas adaptaciones y ajustes se realizarán, tanto a petición de cualquiera de las partes o del Ministerio Fiscal, como de oficio por el propio tribunal.
En el caso de las personas mayores que no alcancen la edad de ochenta años, dichas adaptaciones y ajustes se realizarán a petición de la persona interesada.
En el caso de las personas con una edad de ochenta años o más dichas adaptaciones y ajustes se realizarán, tanto a petición de la persona interesada como de oficio por el propio tribunal.
Las adaptaciones se realizarán en todas las fases y actuaciones procesales en las que resulte necesario, incluyendo los actos de comunicación, y podrán venir referidas a la comunicación, la comprensión y la interacción con el entorno.
2. Las personas con discapacidad, así como las personas mayores, tienen el derecho a entender y ser entendidas en cualquier actuación que deba llevarse a cabo. A tal fin:
a) Todas las comunicaciones, orales o escritas, dirigidas a personas con discapacidad, con una edad de ochenta o más años, y a personas mayores que lo hubieran solicitado se harán en un lenguaje claro, sencillo y accesible, de un modo que tenga en cuenta

como es sabido, tiene aplicación supletoria a todo el ordenamiento procesal.

A los tribunales incumbe realizar un esfuerzo especial para garantizar este derecho de acceso cuando se trata de personas con discapacidad, veamos algunos ejemplos.

Sentencia del Tribunal Constitucional 77/2014, de 22 de mayo[11], en cuyo fto jco 2 se dice "En materia de juicio en ausencia del acusado, la STEDH de 30 de enero de 2001, caso Vaudelle c. Francia, afirma que, si bien la notificación personal a un acusado es reveladora del conocimiento efectivo de la citación, la existencia de indicios de que dicho acusado pueda sufrir trastornos mentales que limiten su capacidad hace exigible que los órganos judiciales desarrollen las diligencias complementarias necesarias para despejar cualquier duda al respecto (§§ 59 y 60).

---

sus características personales y sus necesidades, haciendo uso de medios como la lectura fácil. Si fuera necesario, la comunicación también se hará a la persona que preste apoyo a la persona con discapacidad para el ejercicio de su capacidad jurídica.
b) Se facilitará a la persona con discapacidad la asistencia o apoyos necesarios para que pueda hacerse entender, lo que incluirá la interpretación en las lenguas de signos reconocidas legalmente y los medios de apoyo a la comunicación oral de personas sordas, con discapacidad auditiva y sordociegas.
c) Se permitirá la participación de un profesional experto que a modo de facilitador realice tareas de adaptación y ajuste necesarias para que la persona con discapacidad pueda entender y ser entendida.
d) La persona con discapacidad y las personas mayores podrán estar acompañadas de una persona de su elección desde el primer contacto con las autoridades y funcionarios.
3. Todos los procedimientos, tanto en fase declarativa como de ejecución, en los que alguna de las partes interesadas sea una persona con una edad de ochenta años o más, conforme a lo dispuesto en este artículo, serán de tramitación preferente.

11 ECLI:ES:TC:2014:77

"El deber de realizar diligencias complementarias de las estrictamente legales para despejar cualquier duda en relación con la participación de personas con discapacidad mental en el proceso penal tiene sustento, en nuestro Derecho, en el mandato del art. 9.2 CE, que obliga a los poderes públicos a promover las condiciones para que la igualdad de los individuos sea efectiva, removiendo los obstáculos que impidan o dificulten su plenitud, y se ampara en el especial deber de protección y apoyo de que gozan las personas con discapacidad."

En la misma línea debo citar la STC 161/2021, de 4 de octubre,[12]fto jco 3, en la que se otorgó el amparo a una persona que fue condenada en un juicio verbal de desahucio por el impago de determinadas rentas debidas a la sociedad propietaria del inmueble, sin haber llegado a comparecer en el mismo. Dice el Tribunal de Garantías "Ciertamente, el demandante dejó pasar la oportunidad de hacer estas alegaciones en el previo juicio verbal de desahucio, del que no se ha controvertido que tuvo un efectivo conocimiento. Ahora bien, ante la existencia de indicios de discapacidad que puedan limitar la capacidad de comprensión de quien se ve inmerso en un procedimiento judicial sobre, por ejemplo, la relevancia de las consecuencias legales de su incomparecencia es menester, en aras del derecho a la tutela judicial efectiva, que los tribunales desarrollen la actividad necesaria para despejar cualquier duda al respecto. Sin embargo, en este caso los órganos judiciales no desarrollaron ninguna actividad probatoria o acreditativa ni respecto de si esa circunstancia de discapacidad concurría ni sobre si había sido relevante o causal en la incomparecencia del demandante en el juicio verbal determinante de la pérdida indefectible de su oportunidad procesal de defensa o en el pago extemporáneo de las rentas debidas como enervante de la acción de desahucio."

---

12 ECLI:ES:TC:2021:161

Son dos ejemplos muy significativos del papel activo que hemos de tomar los tribunales para garantizar el derecho a una tutela judicial efectiva, no limitada por requisitos meramente formalistas.

Esta idea inspiró la creación del Foro Justicia y Discapacidad[13]. Por razones de tiempo no puedo extender sobre este aspecto institucional, pero sí debo, siquiera sea de manera telegráfica, dejar reseñado que el Foro realiza una intensa labor formativa, esencial para el adecuado tratamiento judicial de la Discapacidad, así como una labor de sensibilización social, acorde con las exigencias que, para los poderes públicos, se derivan de la Convención. A ello ha de unirse el papel del Consejo General del Poder Judicial, una de cuyas líneas prioritarias de actuación en este ámbito es la especialización de órganos judiciales encargados de la provisión de apoyos a las personas con discapacidad; especialización que, junto a la formación, son elementos nucleares para el adecuado tratamiento de los derechos de las personas con discapacidad. Por último, quiero reseñar el trabajo que está haciendo en este órgano constitucional en la promoción del acceso a las carreras judicial y/o fiscal de personas con discapacidad, así como las múltiples adaptaciones de los puestos de trabajo.

---

13 Con el deseo de eliminar los obstáculos que condicionan el acceso a los Tribunales de Justicia, el Consejo General del Poder Judicial, como máximo órgano de gobierno del Poder Judicial, acordó la creación del Foro Justicia y Discapacidad. Su puesta en marcha se produjo en virtud de un Convenio interinstitucional suscrito el 1 de diciembre de 2003, con la finalidad básica de coordinar las Instituciones Jurídicas del Estado, para conseguir una mayor efectividad en la tutela judicial de los derechos de las personas con discapacidad, más de cuatro millones en nuestro país. Para más información consultar https://www.poderjudicial.es/cgpj/es/Temas/Foro-Justicia-y-Discapacidad/